全国交通运输职业教育教学指导委员会规划教材
教育部中等职业教育汽车专业技能课教材

Qiche Jiance yu Zhenduan Jishu

汽车检测与诊断技术

全国交通运输职业教育教学指导委员会
中国汽车维修行业协会　组织编写
　　蒋红梅　吴国强　主　　编
　　　　肖　彬　　　副主编

人民交通出版社股份有限公司
China Communications Press Co.,Ltd.

内 容 提 要

本书是全国交通运输职业教育教学指导委员会规划教材,主要内容包括:线外检测、线上检测、路试检验和维修检测。

本书适用于中等职业学校汽车运用与维修专业的教学,也可供其他相关专业教师、学生学习参考。

图书在版编目(CIP)数据

汽车检测与诊断技术/蒋红梅,吴国强主编.—北京:人民交通出版社股份有限公司,2017.3

全国交通运输职业教育教学指导委员会规划教材. 教育部中等职业教育汽车专业技能课教材

ISBN 978-7-114-12209-5

Ⅰ.①汽… Ⅱ.①蒋… ②吴… Ⅲ.①汽车—故障检测—中等专业学校—教材 ②汽车—故障诊断—中等专业学校—教材 Ⅳ.①U472.9

中国版本图书馆 CIP 数据核字(2015)第 085362 号

书　　名:	汽车检测与诊断技术
著 作 者:	蒋红梅　吴国强
责任编辑:	戴慧莉
出版发行:	人民交通出版社股份有限公司
地　　址:	(100011)北京市朝阳区安定门外外馆斜街 3 号
网　　址:	http://www.ccpress.com.cn
销售电话:	(010)59757973
总 经 销:	人民交通出版社股份有限公司发行部
经　　销:	各地新华书店
印　　刷:	北京市密东印刷有限公司
开　　本:	787×1092　1/16
印　　张:	11.25
字　　数:	261 千
版　　次:	2017 年 3 月　第 1 版
印　　次:	2021 年 7 月　第 2 次印刷
书　　号:	ISBN 978-7-114-12209-5
定　　价:	26.00 元

(有印刷、装订质量问题的图书由本公司负责调换)

编审委员会

主　　任：王怡民(浙江交通职业技术学院)

副 主 任：刘建平(广州市交通运输职业学校)　　杨经元(云南交通技师学院)
　　　　　赵　琳(北京交通运输职业学院)　　　张京伟(中国汽车维修行业协会)
　　　　　陈文华(浙江交通职业技术学院)　　　王凯明(中国汽车维修行业协会)

特邀专家：朱　军(中国汽车维修行业协会)　　　魏俊强(北京祥龙博瑞汽车服务有限公司)
　　　　　张小鹏(庞贝捷漆油(上海)有限公司)　刘　亮(麦特汽车服务股份有限公司)

委　　员：(按姓氏笔画排序)
　　　　　毛叔平(上海市南湖职业学校)　　　　王　健(贵阳市交通技工学校)
　　　　　王彦峰(北京交通运输职业学院)　　　王　强(贵州交通职业技术学院)
　　　　　占百春(苏州建设交通高等职业技术学校)　刘新江(四川交通运输职业学校)
　　　　　刘宣传(广州市公用事业技师学院)　　齐忠志(广州市交通运输职业学校)
　　　　　吕　琪(成都工业职业技术学院)　　　李　青(四川交通运输职业学校)
　　　　　李雪婷(成都汽车职业技术学校)　　　李春生(广西交通技师学院)
　　　　　李文慧(新疆交通职业技术学院)　　　李　晶(武汉市东西湖职业技术学校)
　　　　　陈　虹(浙江交通技师学院)　　　　　陈文均(贵州交通技师学院)
　　　　　陈社会(无锡汽车工程中等专业学校)　张　炜(青岛交通职业学校)
　　　　　杨永先(广东省交通运输高级技工学校)　杨承明(杭州技师学院)
　　　　　杨建良(苏州建设交通高等职业技术学校)　杨二杰(四川交通运输职业学校)
　　　　　陆松波(慈溪市锦堂高级职业中学)　　何向东(广东省清远市职业技术学校)
　　　　　邵伟军(杭州技师学院)　　　　　　　周志伟(深圳市宝安职业技术学校)
　　　　　林育彬(宁波市鄞州职业高级中学)　　易建红(武汉市交通学校)
　　　　　林治平(厦门工商旅游学校)　　　　　胡建富(浙江交通技师学院)
　　　　　赵俊山(济南第九职业中等专业学校)　赵　颖(北京交通运输职业学院)
　　　　　荆叶平(上海市交通学校)　　　　　　郭碧宝(广州市交通技师学院)
　　　　　姚秀驰(贵阳市交通技工学校)　　　　崔　丽(北京市丰台区职业教育中心学校)
　　　　　曾　丹(佛山市顺德区中等专业学校)　蒋红梅(重庆市立信职业教育中心)
　　　　　喻　媛(柳州市交通学校)

秘书组：李　斌　翁志新　戴慧莉　刘　洋(人民交通出版社股份有限公司)

前言 Preface

为深入贯彻落实全国职业教育工作会议精神和《国务院关于加快发展现代职业教育的决定》，促进职业教育专业教学科学化、标准化、规范化，教育部组织制定了《中等职业学校专业教学标准（试行）》。全国交通运输职业教育教学指导委员会具体承担了汽车运用与维修（专业代码082500）、汽车车身修复（专业代码082600）、汽车美容与装潢（专业代码082700）、汽车整车与配件营销（专业代码082800）4个汽车类专业教学标准的制定工作。

根据教育部《关于中等职业教育专业技能课教材选题立项的函》（教职成司函[2012]95号）文件精神，人民交通出版社申报的上述4个汽车类专业技能课教材选题成功立项。

2014年10月，人民交通出版社联合全国交通运输职业教育教学指导委员会、中国汽车维修行业协会在北京召开了"教育部中等职业教育汽车专业技能课教材编写会"，并成立了由全国交通运输职业教育教学指导委员会领导、中国汽车维修行业协会领导、知名汽车维修专家及院校教师组成的教材编审委员会。会上，确定了4个汽车类专业34本教材的编写团队及编写大纲，正式启动了教材编写。

教材的组织编写，是以教育部组织制定的4个汽车类专业教学标准为基本依据进行的。教材从编写到成稿形成以下特色：

1. "五位一体"的编审团队。从组织编写之初，就本着"高起点、高标准、高要求"的原则，成立了由国内一流的院校、一流的教师、一流的专家、一流的企业、一流的出版社组成的五位一体的编审团队。

2. 精品化的内容。编审团队认真总结了中职院校的优秀教学成果，结合了企业的职业岗位需求，吸收了发达国家的先进职教理念。教材文字精练、插图丰富，尤其是实操性的内容，配了大量实景照片。

3. 理实一体的编写模式。教材理论内容浅显易懂，实操内容贴合生产一线，将知识传授、技能训练融为一体，体现"做中学、学中做"的职教思想。

4.覆盖全国的广泛适用性。本套教材充分考虑了全国各地院校的分布和实际情况,涉及的车型和设备具有代表性和普适性,能满足全国绝大多数中职院校的实际需求。

5.完善的配套。本套教材包含"思考与练习""技能考核标准",并配有电子课件和微视频,以达到巩固知识、强化技能、易教易学的目的。

《汽车检测与诊断技术》是本套教材中的一本。与传统同类教材相比,本书在充分考虑学生专业水平及实际工作需要的基础上,从汽车检测站的线外检测、汽车检测站的线上检测、汽车检测站的路试检验和汽车检测站的维修检测四个方面选取典型易于操作的工作任务来编写,以任务引导的形式贯穿课程,每个学习任务内容包括检测项目的理论知识、各项目的检测所需条件、完成常见检测项目的操作流程以及对检测数据的分析、诊断。

本书的编写分工为:重庆市立信职业教育中心的蒋红梅编写了项目一,重庆市立信职业教育中心的吴国强编写了项目二,重庆市立信职业教育中心的肖彬编写了项目三,重庆市立信职业教育中心的尹宏观编写了项目四。全书由重庆市立信职业教育中心的蒋红梅、吴国强担任主编。

限于编者水平,又是完全按照新的教学标准编写,书中难免有不当之处,敬请广大院校师生提出意见和建议,以便再版时完善。

编审委员会
2016年3月

目录 Contents

项目一　线外检测 ··· 1
　学习任务 1　整车技术参数检查及检测站法律法规 ······························ 1

项目二　线上检测 ··· 33
　学习任务 2　车辆侧滑性能检测 ··· 33
　学习任务 3　悬架性能检测 ··· 40
　学习任务 4　汽车制动力检测 ·· 46
　学习任务 5　车辆转速表校验 ·· 55
　学习任务 6　车辆前照灯检测 ·· 61
　学习任务 7　车辆噪声检测 ··· 68
　学习任务 8　尾气排放物的检测 ··· 78

项目三　路试检验 ··· 96
　学习任务 9　车辆路试检验 ··· 96

项目四　维修检测 ·· 104
　学习任务 10　车轮动平衡检测 ··· 104
　学习任务 11　四轮定位检测 ·· 110
　学习任务 12　发动机密封性检测 ·· 128
　学习任务 13　汽油车点火性能检测 ··· 141
　学习任务 14　喷油性能检测 ·· 155

参考文献 ··· 169

项目一　线外检测

学习任务1　整车技术参数检查及检测站法律法规

学习目标

 知识目标

1. 掌握汽车检测站相关知识；
2. 掌握汽车检测站的法律、法规；
3. 掌握车身与防护装置的检测项目；
4. 了解车辆外观与整车技术的检测方法；
5. 清楚相关项目国家标准的检测要求。

 技能目标

1. 能完成车辆标识和外观的检测流程及分析；
2. 能完成整车基本参数的检测流程及分析。

建议课时

16课时。

 任务描述

小王同学家的轿车需要年检，但是他不知道汽车整车检测需要准备哪些材料，也不知道要检测哪些项目。小王同学需要学习汽车整车检测的基础知识。

一 理论知识准备

（一）汽车检测站相关知识

汽车整车的技术状况，关系到车辆行驶的动力性、经济性、排气净化性、操纵稳定性、安全性和舒适性等使用性能，因此，是汽车检测诊断的重点内容之一。汽车整车技术状况的变化，主要表现在故障增多、性能降低和损耗增加等方面。汽车整车诊断参数的检测，可以在汽车检测线上完成。当汽车在检测线上进行试验时，滚筒式试验台以筒的表面代替路面，通过加载装置给滚筒施加负荷，以模拟行驶阻力，使汽车尽可能在接近实际行驶工况下进行各项检测与试验。

图1-1 汽车检测站检测线

1 汽车检测站

汽车检测站是综合运用现代检测技术，对汽车实施不解体检测的机构。它具有现代的检测设备和检测方法，能在室内检测出车辆的各种参数并诊断出可能出现的故障，为全面、准确评价汽车的使用性能和技术状况提供可靠的依据。汽车检测站不仅是车管机关或行业对汽车技术状况进行检测和监督的机构，而且已成为汽车制造企业、汽车运输企业、汽车维修企业中不可缺少的重要组成部分。图1-1为汽车检测站检测线。

1）汽车检测站的任务和类型

（1）检测站的任务。

《汽车运输业车辆综合性能检测站管理办法》规定，汽车检测站的主要任务如下：对在用运输车辆的技术状况进行检测诊断；对汽车维修行业的维修车辆进行质量检测；接受委托，对车辆改装、改造、报废及其有关新工艺、新技术、新产品、科研成果等项目进行检测，提供检测结果；接受公安、环保、商检、计量和保险等部门的委托，为其进行有关项目的检测，提供检测结果。

（2）检测站的类型。

按服务功能分类，汽车检测站可分为安全检测站、维修检测站和综合检测站三种。

安全检测站是国家的执法机构，不是营利型企业。按照国家规定的车检法规，定期检测车辆中与安全和环保有关的项目，以保证汽车安全行驶，并将污染降低到允许的限度。这种检测站对检测结果往往只显示"合格""不合格"两种，而不作具体数据显示和故障分析，因而检测速度快，生产效率高。检测合格的车辆凭检测结果报告单办理年审签证，在有效期内准予车辆行驶。安全检测站一般由车辆管理机关直接建立，或由车辆管理机关认可的汽车运输企业、汽车维修企业等单位建立，也可多方联合建立。

维修检测站主要是从车辆使用和维修的角度，担负车辆维修前、后的技术状况检测。它能检测车辆的主要使用性能，并能进行故障分析与诊断。一般由汽车运输企业或汽车维修企业建立。

综合检测站既能担负车辆管理部门的安全环保检测,又能担负车辆使用、维修企业的技术状况诊断,还能承接科研或教学方面的性能试验和参数测试。这种检测站检测设备多,自动化程度高,数据处理迅速准确,因而功能齐全,检测项目广度、深度大。

按规模大小分类,汽车检测站可分为大、中、小三种类型。大型检测站检测线多,自动化程度高,年检能力大,且能检测多种车型。中型检测站至少有两条检测线。小型检测站主要指那些服务对象单一的检测站,如规模不大的安全检测站和维修检测站。

按检测线的自动化程度分类,汽车检测站可分为手动式、半自动式和全自动式三种类型。手动检测站由人工手动控制检测过程,从各单机配备的指示装置上读数,笔录检测结果或由单机配备的打印机打印检测结果,因而工作人员多,检测效率低,读数误差大,多适用于维修检测站。全自动检测站利用微机控制系统,除车辆的外观检查工位仍需人工检查外,能自动控制其他所有工位上的检测过程,使设备的启动与运转、数据采集、分析判断、存储、显示和集中打印报表等全过程实现自动化。由于全自动检测站自动化程度高,检测效率高,能避免人为的判断错误,因而获得广泛应用,目前国内外的安全检测站多为这种形式。半自动检测站的自动化程度或范围介于手动和全自动检测站之间,一般是在原手动检测站的基础上将部分检测设备(如侧滑试验台、制动试验台、车速表试验台等)与微机联网以实现自动控制,而另一部分检测设备(如烟度计、废气分析仪、前照灯检测仪、声级计等)仍然手动操作。当微机联网的检测设备因故障不能进行自动控制时,各检测设备仍可手动使用。

综合检测站按职能分类,可分为A级站、B级站和C级站三种类型,其职能如下:A级站,能全面承担检测站的任务,即能检测车辆的制动、侧滑、灯光、转向、前轮定位、车速、轮胎动平衡、底盘输出功率、燃料消耗、发动机功率和点火系状况以及异响、磨损、变形、裂纹、噪声、废气排放等状况。B级站,能承担在用车辆技术状况和车辆维修质量的检测,即能检测车辆的制动、侧滑、灯光、转向、轮胎动平衡、燃料消耗、发动机功率和点火系状况以及异响、变形、噪声、废气排放等状况。C级站,能承担在用车辆技术状况的检测,即能检测车辆的制动、侧滑、灯光、转向、轮胎动平衡、燃料消耗、发动机功率以及异响、噪声、废气排放等状况。

2) 汽车检测站的组成

(1) 各类汽车检测站的组成。

汽车检测站主要由一条至数条检测线组成。对于独立而完整的检测站,除检测线外,还应包括停车场、清洗站、泵气站、维修车间、办公区和生活区等设施。安全检测站一般由一条至数条安全环保检测线组成。有两条以上安全环保检测线时,一般一条为大、小型汽车通用自动检测线,另一条为小型汽车的专用自动检测线,有的还配备一条新规检测线(对新车登录、检测之用)和一条柴油车排烟检测线。维修检测站一般由一条至数条综合检测线组成。综合检测站一般由安全环保检测线和综合检测线组成,可以各为一条,也可以各为数条。国内交通系统建成的检测站大多属于综合检测站。

(2)汽车检测线的工位布置。

不管是安全环保检测线,还是综合检测线,他们都由多个检测工位组成,布置形式多为直线通道式,即检测工位按一定顺序分布在直线通道上,有利于流水作业。

手动和半自动的安全环保检测线,一般由外观检查(人工检查)工位、侧滑制动车速表工位、灯光尾气工位三个工位组成。全自动安全环保检测线可以由三工位、四工位或五工位组成。五工位一般是汽车资料输入及安全装置检查工位、侧滑制动车速表工位、灯光尾气工位、车底检查工位、综合判定及主控制室工位。图1-2为国产五工位全自动安全环保检测线。

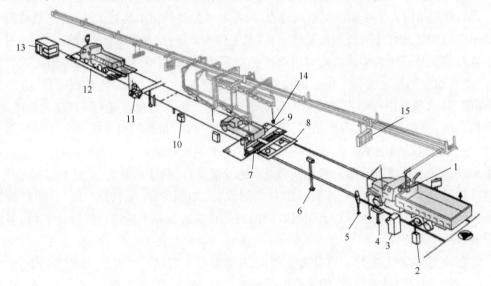

图1-2 国产五工位全自动安全环保检测线

1-进线指示灯;2-烟度计;3-汽车资料登录微机;4-安全装置检查不合格项目输入键盘;5-烟度计检验程序指示器;6-电视摄像机;7-制动试验台;8-侧滑试验台;9-车速表试验台;10-废气分析仪;11-前照灯检测仪;12-车底检查工位;13-主控制室;14-车速表检测申报开关;15-检验程序指示器

综合检测站分为A、B、C三种类型。A级站在国内一般设置两条检测线,一条为安全环保检测线,主要承担车管部门对车辆进行年审的任务;另一条为综合检测线,主要承担对车辆技术状况的检测诊断。其综合检测线一般有两种类型:一种是全能综合检测线,设有包括安全环保检测线主要检测设备在内的比较齐全的工位,这种检测线的检测设备多,检测项目齐全,与安全环保检测线互不干扰,因而检测效率相对较高,但建站费用也高。另一种是一般综合检测线,设置的工位不包括安全环保检测线的主要检测设备,主要由底盘测功工位组成,能承担除安全环保检测项目以外项目的检测诊断,必要时车辆须开到安全环保检测线上才能完成有关项目的检测,国内已建成的综合检测站有相当多是属于这种类型,与全能综合检测线相比,一般综合检测线设备少,建站费用低,但检测效率也低。

图1-3所示的综合检测线,是一种接近全能的综合检测线。它由发动机测试及车轮平衡工位、底盘测功工位、车轮定位及车底检查工位组成,除制动性能不能检测外,安全环

保检测线上的其他检测项目均能在该线上检测。B级站和C级站的综合检测线不包括底盘测功工位。

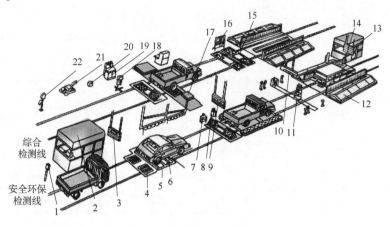

图1-3 双线综合检测站

1-进线指示灯;2-进线控制室;3-L工位检验程序指示器;4、15-侧滑试验台;5-制动试验台;6-车速表试验台;7-烟度计;8-排气分析仪;9-ABS工位检验程序指示器;10-HX工位检验程序指示器;11-前照灯检测仪;12-地沟系统;13-主控制室;14-P工位检验程序指示器;16-前轮定位检测仪;17-底盘测功工位;18、19-发动机综合测试仪;20-机油清净性分析仪;21-就车式车轮平衡仪;22-轮胎自动充气机

3)汽车检测线的设备与检测项目

(1)安全环保检测线设备及项目介绍。

以五工位全自动安全环保检测线为例,表1-1为主要检测项目、设备及其用途。在表内所列设备中,侧滑试验台、轴重计或轮重计、制动试验台、车速表试验台、前照灯检测仪、排气分析仪、烟度计、声级计和检测手锤为检测设备。

全自动安全环保检测线检测项目、主要设备及其用途　　　　表1-1

检测工位	主要检测项目	设备名称	设备用途
汽车资料输入及安全装置检查工位(L工位)	汽车上部的灯光和安全装置等项目的外观检查	进线指示灯	控制进线车辆,绿灯进、红灯停
		汽车资料登录微机	登录汽车资料,并发送给主控制微机
		工位测控微机	担负工位检测过程监控,数据采集处理等项工作
		检验程序指示器	指示工位检测程序,下达操作指令,显示检测结果,引导车辆前进
		轮胎自动充气机	按设定的轮胎气压自动充气
		轮胎花纹测量器	测量轮胎花纹深度
		检测手锤	检查各连接件、车架等是否松动或开裂
		不合格项目输入键盘	将车上、车下外观检查中的不合格项目报告主控制微机
		监察电视及摄像机	供主控制室监察地沟及整个检测线的工作情况

续上表

检测工位	主要检测项目	设备名称	设备用途
侧滑制动车速表工位（ABS工位）	侧滑检测轴重检测制动检测车速表检测	侧滑试验台	检测转向轮侧滑量
		轴重计或轮重仪	检测各轴轴重
		制动试验台	检测各轮拖滞力、制动力和驻车制动力
		车速表试验台	检测车速表指示误差
		车速表检测申报开关或遥控器	当试验车速达40km/h时按下此开关或遥控器，微机采集此时的实际车速数据
		光电开关	当车轮遮挡光电开关时，光电开关产生的信号输入微机，报告车辆到位，微机安排检测开始
		反光镜	供驾驶员观察车轮到达试验台或停车线的位置
灯光尾气工位（HX工位）	前照灯检测排气检测喇叭声级检测	前照灯检测仪	检测前照灯发光强度和光轴偏斜量
		排气分析仪	检测汽油车排气中的CO和HC浓度
		烟度计	检测柴油车排气中的自由加速烟度
		声级计	检测喇叭声级
		停车位置指示器	指引汽车在灯光尾气工位停车线上准确停车
车底检查工位（P工位）	车辆底部外观检查	地沟内举升平台	使地沟内的检测人员在高度上处于较有利的工作位置
		对讲话筒及扬声器	用于地沟上下的通话联系
		地沟内报警灯或报警器	报告车辆到达车底检查工位
综合判定及主控制室工位	对各工位检测结果进行综合判定后，打印检测结果报告单	主控制微机	安排检测程序，对照检测标准，综合判定并存储、打印检测结果
		打印机	打印检测结果报告单
		控制台	主控制微机、键盘、显示器、打印机、监察电视等均安放在控制台上，是全线的控制中心
		主控制键盘	当微机系统出现故障不能使用时，可通过主控制键盘对各工位实施控制，以不间断检测工作
		稳压电源和不间断电源	稳定电压，不间断供电

（2）综合检测线设备及项目介绍。

①外观检查及车轮定位工位。主要设备有轮胎自动充气机、轮胎花纹测量器、检测手锤、地沟内举升平台、地沟上举升器、就车式车轮平衡机、声发射探伤仪、侧滑试验台、四轮定位仪或车轮定位检测仪、转向盘自由转动量检测仪、转向盘转向力检测仪、传动系游动角度检测仪、底盘间隙检测仪等。检测项目有车上车底外观检查、就车检测调整车轮不平衡量、对转向节枢轴等安全机件进行探伤、检测前轮侧滑量和最大转向角、检测前轮和后轮定位参数、检测转向盘自由转动量和转向盘转向力、检测传动系游动角度、检测轮毂轴承等处的松旷量等。

②制动工位。主要设备有轴重计或轮重仪、制动试验台等。检测项目有检测各轴轴重、检测各轮制动拖滞力和制动力及按制动曲线分析制动过程、检测驻车制动力等。

③底盘测功工位。主要设备有底盘测功试验台、发动机综合参数测试仪、电控系统检测仪、电器综合测试仪、汽缸压力测试仪或汽缸压力表、汽缸漏气量(率)测试仪、真空表或真空测试仪、油耗计、五气体分析仪、烟度计、声级计、机油清净性分析仪、发动机无负荷测功仪、发动机异响分析仪、传动系异响分析仪、温度计等。本工位能模拟汽车道路行驶,因而可组织较多的检测设备同时或交叉对汽车发动机、底盘、电气设备和车身等进行动态综合检测诊断。配备的设备越多,能检测诊断的项目也越多。表1-2为全能综合检测线主要设备及其用途。

全能综合检测线主要设备及其用途　　　　表1-2

序号	设备名称	设备用途
1	地沟上举升器	举起车辆,使车轮离地
2	就车式车轮平衡机	就车检测车轮不平衡量,并通过配重使车轮平衡
3	声发射探伤仪	在不解体情况下探测零件的裂纹和损伤
4	四轮定位仪或车轮定位检测仪	检测车轮前束值、车轮外倾角和主销后倾角、主销内倾角及前轮最大转向角度值
5	转向盘自由转动量检测仪	检测转向盘自由转动量
6	转向盘转向力检测仪	检测转向盘转向力
7	传动系游动角度检测仪	检测传动系自由转动量
8	底盘间隙检测仪	检测轮毂轴承、转向节主销、纵横拉杆和钢板弹簧销等处的间隙
9	底盘测功试验台	检测驱动车轮的输出功率或驱动力,模拟道路行驶,做各种性能试验,进行动态检测诊断等
10	发动机综合参数测试仪	对发动机的功率、汽缸压力、点火正时、供油正时、点火系技术状况、供油系技术状况、电控系统和异响等进行检测、分析和判断
11	电控系统检测仪	包括读码器、解码器、扫描器、专用诊断仪、示波器、分析仪、信号模拟器和综合测试仪等,用于对汽车电控系统的检测和诊断
12	电器综合测试仪	检测电器设备的技术状况
13	汽缸压力测试仪或汽缸压力表	检测汽缸压缩压力
14	汽缸漏气量(率)测试仪	检测汽缸的漏气量或漏气率
15	真空表或真空测试仪	检测进气管负压值,用于评价汽缸密封性
16	油耗计	检测燃油消耗量
17	五气体分析仪	检测排气中的CO、HC、NO_X、CO_2、O_2
18	机油清净性分析仪	分析机油的清净性程度
19	发动机无负荷测功仪	对发动机进行无负荷加速测功
20	发动机异响分析仪	诊断发动机异响
21	传动系异响分析仪	诊断传动系异响
22	温度计或温度仪	检测各总成温度及发动机排气温度

4) 汽车检测站的工艺路线流程

汽车进入检测站后,在检测线上只有按照规定的检测工艺路线,才能完成整个检测过程。对送检机动车的基本要求:送检机动车应清洁,无明显漏油、漏水、漏气现象,轮胎完好,轮胎气压正常且胎冠花纹中无异物,发动机怠速应正常。对达不到以上基本要求的送检机动车,机动车安全技术检验机构应要求整改符合要求后再进行安全技术检验;在用车检验时,送检人应提供送检机动车的机动车行驶证和有效的机动车交强险凭证,对不能提供以上证件、凭证的送检机动车,机动车安全技术检验机构不应予以安全技术检验。

(1) 检测站检测流程。

对于一个独立而完整的检测站,汽车进站后的工艺路线流程如图1-4所示。

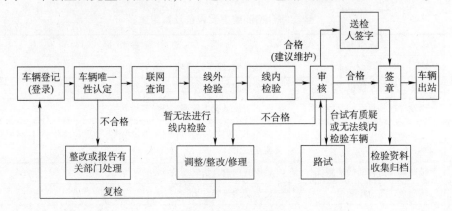

图1-4 检测站工艺路线流程图

(2) 检测线检测流程。

检测线的工位布置是固定的,进线检测的汽车按工位顺序流水作业。以三工位全能综合检测线为例,其工艺路线流程如图1-5所示。

5) 检测站基本条件介绍

(1) 设备:检测站根据级别和承担的任务,配备相应的检测设备,也可配备具有相应功能的检测车。检测设备或检测车,由交通运输部汽车保修设备质量监督检验测试中心进行型式认定,定期公布。

(2) 人员:检测站应配备站长、技术负责人、质量负责人和检测员。站长应具有大专以上文化水平或中级以上技术职称;技术、质量负责人应具有相应专业中级以上技术职称;检测员须经当地交通厅(局)组织的专门培训、考核,取得合格证后,方能上岗。

(3) 场地:检测站车辆出口不得妨碍道路交通;检测间应宽敞、明亮、整洁,通风、排水、照明设备良好,工艺布局合理,安全防护设施齐全;检测站停车场地,不得小于检测间面积。

(4) 管理制度:检测站必须建立检测设备管理制度、检测设备操作规程、工作人员岗位责任制、工作人员守则和档案管理制度等与质量监督要求相适应的各种规章制度。

2 整车检测流程

由公安部、国家质检总局联合公布《关于加强和改进机动车检验工作的意见》,出台18项车检新政。新政规定,自2014年9月1日起,试行非营运小汽车6年内免上线进行安全技术检验。下面是2014年车检的流程及相关材料。

（1）尾气检测：驾驶员到收费窗口交检测费，将车辆交予检测员。检测前会有工作人员进行初检，主要是核对发动机号与行驶证是否一致，检查外观、车况等，然后填写尾气检测表。检测时，由检测员开车上线，拿到合格的尾气检测表就可以到窗口交钱领尾气合格标。如果不合格，需要到汽修厂调试后重新上线。

（2）查违章：驾驶员查询窗口领取并填写"机动车定期检验登记表"，可凭行驶证领取。填好表中事项交工作人员查询有无违章记录。

（3）交押金：驾驶员到押金窗口缴押金，领取并填写外观检验单。

（4）外观检验：检测员持外观检验单到外观工位，先查相关手续，核验第三者保险（强制性保险）是否在有效期内。手续查完之后才开始外观检验，这项检查主要看灯

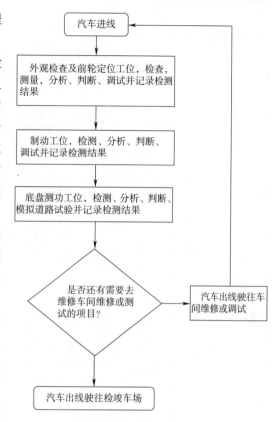

图1-5　全能综合检测线工艺路线流程图

光有无破损、车身外观是否符合原样、悬架有无变动，还有天窗、轮胎等。

（5）上线检测：车辆外观检验合格后，排队等候上线检测。检测线负责制动、前照灯（远光）、底盘等内容的检测，车开下线领取检测结果表格，合格的项目以"O"表示，不合格的项目以"X"表示。如果不合格，可到检测站的维修车间调整不合格检测项目，调整合格后重新上线检测。表1-3为机动车安全技术检验的检验方式和检验项目。

机动车安全技术检验的检验方式和检验项目（四轮及四轮以上机动车）　　表1-3

检验方式	检验项目		备　　注
车辆唯一性认定	①号牌号码；②车辆类型；③品牌/型号；④颜色；⑤发动机号码；⑥车辆识别代号（或整车出厂编号）及打刻特征；⑦主要特征及技术参数		
联网查询	查询送检机动车是否发生过交通事故及涉及尚未处理完毕的道路交通安全违法行为		
线外检验	车辆外观检查	①车身外观；②照明和电气信号装置；③发动机舱；④驾驶室（区）；⑤发动机运转状况；⑥客车内部；⑦底盘件；⑧车轮；⑨其他	
	底盘动态检验	①转向系；②传动系；③制动系；④仪表和指示器	

续上表

检验方式	检验项目		备 注
线内检验	车速	车速表指示误差	仅对最高设计车速超过40km/h的车辆要求
	排放	①点燃式发动机汽车双怠速法排气污染物：CO、HC的体积分数，过量空气系数λ；②压燃式发动机汽车自由加速法排气烟度：排气光吸收系数或滤纸式烟度值；③低速货车自由加速法排气烟度：滤纸式烟度值	过量空气系数λ的测试仅对使用闭环控制电子燃油喷射系统和三元催化转化器技术的点燃式发动机汽车进行；采用简易工况法进行排放测量时，检验项目另行确定
	制动（含轮重）	①轮重；②左、右轮最大制动力；③制动力增长全过程中的左右轮制动力最大差值；④制动协调时间；⑤车轮阻滞力；⑥驻车制动力	制动协调时间（④）在用滚筒式制动检验台检验时不要求；车轮阻滞力（⑤）仅对汽车要求
	侧滑	转向轮横向侧滑量	前轴采用独立悬架的汽车侧滑量测试值不做评判依据
	前照灯	①前照灯远光光束发光强度；②前照灯远光光束照射位置（光束中心左右偏移量及上下偏移量）；③前照灯近光光束照射位置（明暗截止线转角折点位置）	前照灯远光光束照射位置检验仅对远光光束能单独调整的前照灯要求
	车辆底盘	①转向系；②传动系；③行驶系；④制动系；⑤电器线路；⑥底盘其他部件	
	功率	底盘输出功率	仅对使用年限超过20年的非营运乘用车要求
路试检验	行车制动	制动距离和制动稳定性，或充分发出的平均减速度、制动协调时间和制动稳定性	通常只对无法上线检验的车辆及线内检验结果有质疑的车辆进行
	驻车制动	驻车制动性能	
	车速	车速表指示误差	仅在相关管理部门有要求时对全时四驱车辆等无法上线检测车速表指示误差的车辆进行

（6）总检审核。检测项目都合格后，准备一张身份证复印件，到大厅总检处签字盖章。

（7）交费，领标。各窗口交相关费用，退回押金，交工本费领"机动车检验合格标志"，标志后和行驶证副证上均打印有效期。绿标背后会写上有效期，就是下一次检验的月份。检字会打孔，有孔的月份就是下次检验的月份。

3 整车检测过程中所需的材料

1）车辆年检（个人）所需资料

（1）行驶证原件。

(2)交强险副本。

(3)身份证复印件。

(4)车辆。

2)车辆年检(单位)所需资料

(1)行驶证原件。

(2)交强险副本。

(3)中华人民共和国组织机构代码证(盖章)。

(4)委托书(盖章)。

(5)代理人身份证复印件。

(6)车辆。

3)年末年检车辆未能通过年检的情形

未能通过年检的车辆一般都存在以下5种情况中的一种或几种：

(1)驾驶人证件未能带齐：行驶证、保险单、身份证缺一不可。

(2)安装可拆卸号牌框架。

(3)加装强光氙气灯。

(4)车辆违章未处理完。

(5)违规改装：如私自改变车身颜色、换发动机等,必须保证车辆本身和行驶证上登记的信息相一致。很多客运车私自加装座椅,小货车自行加装顶棚都会造成车辆不能通过年检。

驾驶员除了要准备好行驶证和驾驶证原件、交强险副本和身份证复印件以外,还要做好自检工作。将车辆进行彻底清洗,提前处理交通违章记录。检查车辆灯光是否达标,过强过暗都不能通过年检。同时,还要确保车辆制动性能良好,尤其要注意制动系统是否安全。此外,还要核对交强险保单是否有误。

4 营业厅工作实施细则

1)登记、登录员作业规程

(1)初检车辆的登录。

核对下列证件资料：车辆行驶证、车辆技术档案等证件是否正确、有效、齐全,送检车辆的验证主要根据委托检测方的规定,办理登记验证手续；问明检测类别：按委托检测方对车辆检测类别的划分,问明送检方的检测类别；根据车辆送检资料及检测类别,进行车辆检测登录,并审核登录内容是否正确然后确认登录、开票。

(2)复检车辆登录。

核对《复检通知单》及返修情况,调出初检登录记录并核对相关证件。然后进行复检车辆检测登录,并审核登录内容是否正确,然后确认登录、开票。

2)检测报告的打印和发放

(1)检测报告由专人负责打印,根据电脑提示得到一辆车确认检测完毕信息时,应及时打印检测报告,整理、装订原始记录附上检测报告交审核员和授权签字人批准。

(2)凭收费发票发放检测报告。

3)检测收费

(1)计算机系统正常使用时的检测收费。

初检车收费:根据上级部门检测项目规定,按照物价管理部门核定的收费标准,开具检测发票,并收取费用。复检车收费:根据上级部门检测项目规定,按物价管理部门核定的收费标准,开具检测发票,并收取费用。特别要识别那些免收检测费复检项目。

(2)计算机系统发生故障时,收费员采用人工统计检测项目及检测费用,手工开票,特别要识别那些免收检测费复检项目。

5 检验结果审核与评价

1)检验结果审核和检验报告处置

全自动检测线各检测设备的检验数据应通过计算机网络自动传输、存储及判断,车辆外观检查、底盘动态检验、车辆底盘检查、路试等工位的检验员应根据车辆出厂日期和注册登记日期按照《机动车安全运行技术条件》(GB 7258—2012)等机动车国家安全技术标准确认检验结果是否符合要求。车辆外观检查、底盘动态检验、车辆底盘检查等工位的不合格项目及路试、线内仪器设备检验项目的检验数据和检验结果应打印在《机动车安全技术检验报告》上。

授权签字人对检验数据应进行认真分析,根据检验类型(注册登记检验、在用车检验等)对检验结果逐项确认并签注整车检验评判结论,评判结论分为合格、合格(建议维护)、不合格三类:送检机动车所有检验项目的检验结果均合格的,评判结论为合格;送检机动车检验项目中,所有否决项的检验结果均合格,检验结果为不合格的建议维护项小于等于 6 项的,评判结论为合格(建议维护);送检机动车检验项目中,有任一否决项的检验结果不合格,或检验结论为不合格的建议维护项多于 6 项的,评判结果为不合格。

一个编号对应的项目包括多项检查内容时,有任一项检查内容不合格则该项目不合格;对仪器设备检验项目,建议维护项按 4 项计算,分别为:前照灯远光偏移、前照灯近光偏移、车速表指示误差、转向轮横向侧滑量。

发现异常情况,机动车安全技术检验机构应及时分析处理,发现误判或对检验结果有质疑时应重新检验。

检验报告评判结论为"合格(建议维护)"时,送检人应在《机动车安全技术检验报告》上签字。机动车所有人应及时调修建议维护项目。

2)检验报告签发与资料收存

(1)机动车安全技术检验完毕后,机动车安全技术检验机构应签发《机动车安全技术检验报告》。

(2)机动车安全技术检验机构应妥善保管人工检验记录单(含车辆识别代号拓印膜)和《机动车安全技术检验报告》副本(纸质或电子档案)等资料,保存期限应不少于 2 年。表 1-4 和表 1-5 为机动车安全技术检验记录单。

项目一　线外检测

机动车安全技术检验记录单（人工检验部分正面） 表1-4

号牌号码(编号)：　　　　车　辆　类　型：　　　　里程表读数：　　　km

车辆出厂日期：　年　月　日　　初次登记日期：　年　月　日　　检验日期：　年　月　日

方式	检验项目	检验内容	判定	方式	检验项目	检验内容	判定
车辆外观检查	车辆唯一性认定*	1. 车辆号牌		车辆外观检查	驾驶室(区)	38. 安全带*	
		2. 车辆类型、品牌/型号				39. 风窗玻璃驾驶员视区部位	
		3. 车身颜色				40. 刮水器*	
		4. VIN(整车出厂编号)				41. 洗涤器	
		5. 发动机号码				42. 汽车行驶记录仪*	
		6. 主要特征及技术参数				43. 驾驶室固定、安全带	
	车身外观	7. 保险杠				44. 仪表数量和类型	
		8. 后视镜*/下视镜*				45. 操纵件、指示器及信号装置的图形标志*	
		9. 车窗玻璃*					
		10. 车体周正、尖锐突出物*				46. 警告性文字的中文标注*	
		11. 漆面				47. 车辆产品标牌*	
		12. 货箱/安全架/车外顶行李架*			发动机运转状况	48. 起动*	
		13. 车身广告与文字标志、标识				49. 急速、仪表、电源充电	
		14. 自行加装装置*				50. 加速踏板控制	
		15. 整车3C标志				51. 漏水、油、气/冷却液温度、油压	
		16. 其他注册登记检验增加项目*				52. 关电熄火/柴油车停机	
	照明和电气信号装置*	17. 前位灯/后位灯、侧标志灯			客车内部	53. 座椅/卧铺数量、座椅间距*	
		18. 后牌照灯				54. 扶手和卧铺护栏	
		19. 示廓灯/挂车标志灯				55. 车厢灯、门灯	
		20. 转向信号灯(前、后、侧)、危险警告信号灯				56. 客车地板、车内行李架	
						57. 灭火器、安全出口标识、安全手锤、安全门*	
		21. 前照灯(远光、近光)					
		22. 制动灯				58. 安全带*	
		23. 后反射器、侧反射器				59. 安全出口的数量、位置和尺寸*	
		24. 后雾灯				60. 乘客通道、通往安全门的通道*	
		25. 倒车灯			底盘件	61. 燃料箱、燃料箱盖*	
		26. 道路运输危险货物车辆标识				62. 挡泥板、牵引钩、蓄电池、蓄电池架	
		27. 特种车辆标志灯具					
		28. 附加灯具、反射器或附属装置				63. 储气筒排污阀	
		29. 喇叭				64. 钢板弹簧*	
		30. 车身反光标识				65. 侧面及后下部防护装置*	
		31. 发动机各系统机件				66. 牵引连接装置	
		32. 蓄电池桩头及连线			轮胎	67. 轮胎型号/规格/速度级别*	
		33. 电器导线、各种管路				68. 胎冠花纹深度、胎面*	
		34. 液压制动储液器				69. 轮胎螺栓、半轴螺栓*	
		35. 发动机标识				70. 备胎标识*	
	驾驶室(区)	36. 门锁及门铰链			其他	71. 其他不符合规定的情形	
		37. 驾驶员座椅*					

机动车安全技术检验记录单(人工检验部分 反面)　　表1-5

号牌号码(编号)：　　　　车 辆 类 型：　　　　里程表读数：　　　km

车辆出厂日期：　年　月　日　　初次登记日期：　年　月　日　　检验日期：　年　月　日

方式	检验项目	检验内容	判定	方式	检验项目	检验内容	判定
底盘动态检验	转向系	72.转向盘最大自由转动量*		车辆底盘	行驶系	89.钢板吊耳*	
		73.转向沉重*				90.吊耳销*	
		74.自动回正、直线行驶能力				91.中心螺栓	
	传动系	75.离合器				92.U形螺栓	
		76.变速器				93.车桥移位*	
		77.传动轴/链				94.车架纵梁	
		78.驱动桥				95.车架横梁	
	制动系	79.点制动跑偏(20km/h)				96.悬架杆系	
		80.低气压报警装置*			制动系*	97.制动系部件、结构改动	
		81.弹簧储能制动器				98.制动主缸、轮缸、制动管路漏气、漏油	
		82.防抱制动装置*				99.制动软管老化	
	驾驶区	83.仪表和指示器*				100.制动管路固定	
车辆底盘*	转向系	84.转向器固定			电器线路	101.电器线路检查*	
		85.转向各部件					
	传动系	86.变速器支架			底盘其他部件*	102.发动机固定	
		87.分动器支架				103.排气管、消声器	
		88.传动各部件				104.燃料管路	

检验方式	不合格项	检验员签字
车辆外观检查		
底盘动态检验		
车辆底盘检查		
备注		
(VIN拓印膜粘贴区)		

注：判定栏中√为合格；数字为相应不合格项。带*项为否决项，否决项不合格，车辆检验为不合格。

6 引车员工作实施细则

1）线上检测前的检查

引车员不仅是驾驶员,还是在检测中与多个检测岗位互相配合的检测员,引车员应熟悉、了解车辆性能、送检要求、检测标准及检测方法;同时还应正确处理有关问题。

为了保证检测安全,保护检测仪器设备不受损坏,保证检测结果的准确性,以下几类车辆不得上线检测。

(1)由于检测设备性能、安装布置的要求和限制,检测站规定的几类车辆:超高、超宽、超长、超重的车辆;并列装置的后二轴、后三轴车辆;载有重物的车辆(如车厢上装有油、气、化工原料的槽罐、活鱼、鱼苗装载箱、装载有货物的车辆),一律不准上检测线检测。

(2)存在明显故障、缺陷的车辆,包括:制动、转向失效的;发动机起动困难、发动机怠速不稳、经常熄火、异响严重的;加速踏板发卡不灵活,油、水、气"三漏"严重的;离合器分离不清、起步困难的;变速器异响、乱挡、跳挡的,气压制动的车辆上气慢的等等。凡是有可能在检测操作过程中、行驶中发生故障、影响检测及行驶安全的车辆不应上检测线检测,以保证检测设备的完好和检测人员的人身安全。

引车员应将不能上检测线检测的车辆驶出检测区,并向车主、送检人员说明理由,劝其将该车存在的故障修复后再行检测。

(3)为了保证检测中的正确操作,引车员应检查、了解车辆的以下情况:车辆的车型类别、燃料、灯制、驱动形式等基本车辆信息;制动类型、制动性能;车辆的电源开关、发动机起动开关、熄火开关的位置;变速器挡位、驻车制动类型;前照灯开关、转向灯开关、喇叭按钮等的位置、性能;各仪表、指示灯是否正常;维护出厂的检验情况,以保证在检测中能够正确地进行操作。

(4)上线检测前应注意的事项:接车前,提醒车主、送检人员在车上不要暂留贵重物品;接车前,要与车主达成车辆交接口头协议(必要时增加书面协议);严禁私拿、翻动送检车上的任何物品;严禁乱动与检测无关的设施、设备;对车主及送检人员应文明用语、礼貌待人。

2）上线检测时应注意的事项

(1)动车前必须先试制动,制动有效方可动车。动车前还应做好车辆检测前的各项准备工作。制动、转向无效、离合器分离困难、加速踏板发卡、严重三漏、起动困难、超高、超宽、超长的车辆不得驶入检测线。

(2)熟悉各检测类别的工艺流程,掌握检测标准,根据检测类别和项目,按规定程序、车道进行检测,不漏检、错检检测项目。

(3)检测线上限速5km/h行驶,保持安全车距,原则上不准倒车。并以3~5km/h的速度按行车线垂直于检测设备缓慢上下。

(4)严格执行各种检测指令,按检测提示进行检测,不准中途擅自退出检测,不准弄虚作假。

(5)计算机全自动联网的车间禁止停车下车行走。综合车间、测功车间的综合性能检测应配合检测员的指示进行操作。

(6)检测中沿车道标线行进,正确到位,积极配合检测操作员,按提示及时正确操作,不得拖延,以防检测判断错误。

(7)车间外行车道上限速15km/h,注意邻近车辆动向,以防发生刮碰事故。禁止倒车及逆向行驶。

(8)车辆进出车速试验台、制动试验台时,应在滚筒处于静止状态时进行。

(9)引车员移动车辆时,必须查看周围和车下有无未撤离的仪器设备及操作人员,确认安全后,方可起步。

(10)初、复检测车道与试车道有交叉的检测站,引车员驾驶车辆行驶中必须认真观察,严密注意相邻、相交叉车道上的车辆动态,以防发生车辆刷碰、碰撞事故。

(11)严禁在行车道上倒车、掉头、逆向行驶、修理车辆和道路试车。

(12)车辆行驶到检测区外,在停车区及待检区内必须注意其他车辆动态,无人指挥时严禁倒车、掉头等作业,确保安全。

(13)引车员在检测中,发现工位计算机的点阵屏或显示器无显示或显示结果出现异常现象、异常情况,应及时向该工位的检测员或总检进行报告,以便站内及时进行检修。

3)综合性能的检测

目前检测站,车辆综合性能的检测是计算机、设备、人员的配合检测。有的检测设备已联网,有的还没有联网,检测中需要引车员协助配合综合设备的检测操作员一起进行。

(1)检测时,引车员必须听从工位检测员的指挥,按LED点阵显示屏或显示器的提示进行操作。

(2)引车员在检测中应严肃认真,注意有无异常现象、异常情况和异响、异味、异常振动。

(3)引车员将车辆驶上检测时,应尽量与地面车道线保持平行,避免开偏、开斜,应平稳地低速驶上。

(4)在测试时,引车员及该工位的检测员应做好安全防范工作,以防发动机在急加速过程中出现机械事故,甩出异物伤及人员和设备。

(5)测试结束后,引车员及该工位的检测员应将发动机舱盖盖好锁上,以免在行车时振动打开发动机舱盖,影响行车安全。翻动式的汽车驾驶室翻回原位后必须及时锁止,以保证行车安全。

(二)汽车检测站涉及的法律、法规

我国汽车整车检测主要分为安全检测、综合性能检测、环保检测三大类,分属公安部、交通运输部、环保局监管。

1 安全检测

安全检测属于公安部监管,对所有社会车辆实施年检、事故检测等,检测项目有:安全项目包括有速度表检验、制动检验、侧滑检验、前照灯检验;环保项目包括有:机动车尾气排放、喇叭噪声;外检项目包括有:车身、底盘、动态检验。

检测项目与方法:执行《机动车安全技术检验项目和方法》(GB 21861—2014)。

检测标准:执行《机动车运行安全技术条件》(GB 7258—2012)。

❷ 综合性能检测

综合性能检测属于交通运输部监管,对所有营运车辆实施二级维护、技术等级评定等检测,检测项目有:外检、安全、环保、动力性、经济性、可靠性等。

检测项目、方法、标准:执行《营运车辆综合性能要求和检验方法》(GB 18565—2014),部分引用 GB 7258—2012。

联网标准:《汽车检测站计算机控制系统技术规范》(JT/T 478—2002)。

技术等级评定:《营运车辆技术等级划分和评定要求》(JT/T 198—2004)。

建站能力要求:《汽车综合性能检测站能力的通用要求》(GB/T 17993—2005)。

❸ 环保检测

环保检测属于环保局监管,用工况法或尾气双怠速法等检测机动车排放。《中华人民共和国道路交通安全法实施条例》第十五条第一款规定:"机动车安全技术检验由机动车安全技术检验机构实施。机动车安全技术检验机构应当按照国家机动车安全技术检验标准对机动车进行检验,对检验结果承担法律责任"。目前,我国尚未出台机动车安全技术检验的国家标准,机动车安全技术检验机构主要按照公共安全行业标准《机动车安全检验项目和方法》(GA 468—2004)对机动车进行安全技术检验,确认机动车所检项目的技术条件是否符合国家标准《机动车运行安全技术条件》(GB 7258—2012)等机动车国家安全技术标准的要求。

❹ 汽车检测站适用的相关法规

《中华人民共和国道路交通安全法》第十三条第二款明确规定:"对机动车的安全技术检验实行社会化。具体办法由国务院规定。"而《中华人民共和国道路交通安全法实施条例》第十五条第二款则进一步规定:"质量技术监督部门负责对机动车安全技术检验机构实行资格管理和计量认证管理,对机动车安全技术检验设备进行检定,对执行国家机动车安全技术检验标准的情况进行监督"。机动车安全技术检验行为已经由公安机关交通管理部门的一种行政行为转化为由具有第三方公正性的检验机构向社会出具检验检测数据的行为,机动车安全技术检验机构的资格管理和监督职责也主要由质量技术监督部门承担。制定机动车安全技术检验国家标准,在全国范围内统一机动车安全技术检验的项目和方法,既是进一步规范机动车安全技术检验行为的客观要求,也是切实贯彻《中华人民共和国道路交通安全法》及其实施条例的具体举措之一。相关法律、法规列于下方。

(1)中华人民共和国道路交通安全法实施条例。

(2)中华人民共和国道路交通安全法。

(3)中华人民共和国道路运输条例。

(4)国家质量监督检验检疫总局公告(国质检局 2005 第 145 号)。

(5)计量器具新产品管理办法(国质检局 2005 第 74 号)。

(6)实验室和检查机构资质认定管理办法(国质检局 2006 第 86 号)。

(7)关于印发《机动车技术性能检验机构资质认定评审补充要求》的通知(国认实[2007]74 号文)。

(8)机动车登记规定(修订稿)(公安部令 2008 第 102 号)。

(9)道路货物运输及站场管理规定(交通运输部 2005 年 6 号令,2005.8.1 执行)。

(10)道路运输车辆燃料消耗量检测和监督管理办法(交通运输部令 2009 第 11 号)。

(11)机动车安全技术检验机构监督管理规范[国质检监(2009)521,替代 2006—87 号]。

(12)机动车安全技术检验机构检验资格许可办理程序[国质检监(2009)521]。

(13)机动车安全技术检验机构检验资格许可技术条件[国质检监(2009)521]。

(14)机动车安全技术检验机构检验资格许可审查员管理规定[国质检监(2009)521]。

(15)机动车安全技术检验机构检验资格许可证书和检验专用章管理规范[国质检监(2009)521]。

5 汽车整车检测国家标准

1)安全检测

安全检测是汽车检测合格与否的重要指标,国家制定了相关的国家标准,列于下方。

(1)《机动车运行安全技术条件》(GB 7258—2012)。

(2)《机动车安全技术检验项目和方法》(GB 21861—2008)(2008.5.26 批准,2009.6.1 实施)。

(3)《机动车安全检测站条件》(GA/T 134—1996)。

(4)《移动式机动车安全检测站条件》(GA/T 123—1995)。

2)排放检测

排放检测是汽车检测合格与否的重要指标,国家制定了相关的国家标准,列于下方。

(1)《点燃式发动机汽车排气污染物排放限值及测量方法(GB 18285—2005)(双怠速法及简易工况法)》。

(2)《车用压燃式发动机和压燃式发动机汽车排气烟度排放限值及测量方法》(GB 3847—2005)。

(3)《摩托车和轻便摩托车排气污染物排放限值及测量方法(怠速法)》(GB 14621—2011)。

(4)《摩托车和轻便摩托车排气烟度排放限值及测量方法》(GB 19758—2005)。

(5)《农用运输车自由加速烟度排放限值及测量方法》(GB 18322—2002)。

(6)《确定点燃式发动机在用汽车简易工况法排汽污染物排放限值的原则和方法》(HJ/T 240—2005)。

(7)《确定压燃式发动机在用汽车加载减速法排气烟度排放限值的原则和方法》(HJ/

T 241—2005)。

3)综合性能检测

综合性能检测是涵盖了汽车检测的多个方面,国家制定了相关的国家标准,列于下方。

(1)《营运车辆综合性能要求和检验方法》(GB 18565—2014)。
(2)《汽车综合性能检测站能力的通用要求》(GB/T 17993—2005)。
(3)《汽车检测站计算机控制系统技术规范》(JT/T 478—2002)。
(4)《营运车辆技术等级划分和评定要求》(JT/T 198—2004)。
(5)《汽车动力性台架试验方法和评价指标》(GB/T 18276—2000)。
(6)《客车防雨密封性试验方法》(GB/T 12480—1990)。
(7)《客车防雨密封性限值》(QC/T 476—1999)。
(8)《乘用车悬架特性检测和评定方法》(JT/T 497—2004)。
(9)《汽车防抱死制动系统检测技术条件》(JT/T 510—2004)。
(10)《机动车辆及挂车的分类》(GB/T 15089—2001)。
(11)《汽车维修业开业条件 1-汽车整车维修企业》(GB/T 16739.1—2014)。
(12)《汽车维修业开业条件 2-汽车专项维修业户》(GB/T 16739.2—2014)。
(13)《营运客车燃料消耗量限值及测量方法》(JT 711—2008)。
(14)《营运货车燃料消耗量限值及测量方法》(JT 719—2008)。
(15)《营运车辆燃料消耗量检测评价方法》(GB/T 18566—2011)。

❻ 汽车整车检测的计量检定

1)安全检测

汽车安全检测是汽车检测站最基础检测内容,计量检定列于下方。

(1)《机动车前照灯检测仪检定规程》(JJG 745—2002)。
(2)《机动车检测专用轴(轮)重仪检定规程》(JJG 1014—2006)。
(3)《滚筒反力式制动检验台检定规程》(JJG 906—2009)。
(4)《滑板式汽车侧滑检验台检定规程》(JJG 908—2009)。
(5)《滚筒式汽车车速表检验台检定规程》(JJG 909—2009)。
(6)《平板式制动检验台检定规程》(JJG 1020—2007)。
(7)《汽车制动操纵力计校准规范》(JJF 1169—2007)。
(8)《声级计检定规程》(JJG 188—2002)。
(9)《摩托车轮偏检测仪》(JJG 910—2012)。
(10)《机动车方向盘转向力-转向角检测仪校准规范》(JJF 1196—2008)。
(11)《便携式制动性能测试仪校准规范》(JJF 1168—2007)。
(12)《非接触式汽车速度计校准规范》(JJF 1193—2008)。
(13)《标准测力仪检定规程》(JJG 144—2007)。
(14)《汽车用透光率计》校准规范(JJF 1225—2009)。

2）排放检测

汽车排放检测是根据环境保护所设定的,计量检定列于下方。

(1)《滤纸式烟度计》(JJG 847—2011)。

(2)《透射式烟度计检定规程》(JJG 976—2010)。

(3)《汽车排放气体测试仪检定规程》(JJG 688—2007)。

(4)《汽车排气污染物检测用底盘测功机》(JJF 1221—2009)。

(5)《汽油车稳态加载污染物排放检测系统》(JJF 1227—2009)。

3）综合性能检测

汽车综合性能检测是排除安全隐患所设定的,计量检定列于下方。

(1)《汽车转向角检验台校准规范》(JJF 1141—2006)。

(2)《测功装置》(JJG 653—2003)。

(3)《车轮动平衡机校准规范》(JJF 1151—2006)。

(4)《四轮定位仪校准规范》(JJF 1154—2006)。

(5)《汽车悬架装置检测台校准规范》(JJF 1192—2008)。

(6)《四活塞联动式油耗仪检定规程》(JJG 009—1996)。

(7)《汽车发动机曲轴箱窜气量测量仪检定规程》(JJG 012—2005)。

(8)《汽车发动机检测仪检定规程》(JJG 013—2005)。

(三)汽车外观检测

1 汽车检测站外观检测实际工作情况描述

汽车外观检测应按《机动车运行安全技术条件》(GB 7258—2012)进行,在用车在机动车安全检测站进行安全检测时,首先要检查送检车辆的车辆型号、厂牌、出厂编号及车身(底盘)和发动机的型号及出厂编号、号牌号码。然后检查汽车的车身外观。车辆外观应整洁、各零部件应完好,连接紧固、没有缺损;车体周正,车体外缘左右对称部位高度差不得大于40cm;车身和驾驶室应坚固耐用,覆盖件无开裂和锈蚀,车身和驾驶室在车架上安装牢固,不能因车辆振动而引起松动;车身的外部和内部不应有任何可能使人致伤的尖锐突起;驾驶室和乘客舱所用的内饰材料应具有阻燃性;车门和车窗应开启轻便,不得有自行开启的现象,门锁应牢固可靠,六窗密封性好,没有漏水现象;机动车驾驶室必须保证驾驶员的前方视野和侧方视野,驾驶员座位两侧的窗玻璃不允许张贴遮阳膜,其他车窗不允许张贴妨碍驾驶员视野的附加物及镜面反光遮阳膜;轿车应有护轮板,挂车后轮应有挡泥板,其他车辆的所有轮都应有挡泥板。引车员驾驶车辆到达外观、底盘检测工位后,对以下的检测应予以积极、正确的配合。具体项目如下。

1）发动机检测项目

根据外观、底盘检测员的指示,起动发动机,检查发动机起动性能;变换转速,查、听各种工况下,发动机是否有异响、加速是否灵敏;查看机油压力表、冷却液温度表、转速表、气压表、真空压力表、充电指示等仪表显示是否正常;观察气压制动的车辆上气速度是否正常等。

2)灯光仪表检测项目

根据外检员的指示,依次检查开关灯光的状况;检查仪表灯、指示灯、警报灯、车厢灯等的性能和状况。

3)转向检测项目

根据外检员的指示,来回转动转向盘、检查转向盘自由游动间隙;配合外检员检测方向机固定状态、横直拉杆球头配合状况;检查转向节主销是否松旷或卡滞、转向节主销轴承是否松旷或卡滞;检查方向机构的连接、紧固、锁止、润滑等的状况。

4)制动检测项目

检查行车制动系统、检查驻车制动系统、检查驻车制动系统等等作用;检查应急制动系统。

5)传动检测项目

检查离合器踏板自由行程;配合外检员检测传动系状况;检查变速器挡位杆的情况。

6)安全防护部分

检查车辆外视镜、后视镜;检查喇叭按钮、刮水器开关;检查前窗玻璃、车厢玻璃、刮水器、刮水杆;检查安全门、安全带、安全窗、接地链、灭火器等是否完好有效等等。

7)注意事项

(1)将车辆停在地沟上,引车员应及时熄火,发动机熄火后未得到外观、底盘检测员的允许,不准擅自起动发动机和开动车辆,以免伤害外观、底盘检测员。

(2)检测中应配合检测员的指示,正确地进行操作,让外检与底盘检测员能做出正确的判断。

(3)检测结束后,在得到外观、底盘检测员"检测完毕,可以离开"的指示后,引车员方可起动发动机,驶离该工位进行下一个项目的检测。设备限制质量的车辆开到侧滑检测台上,以防压坏机件或压弯滑动台板。

(4)前驱动的汽车在检测中,不允许在通过侧滑台时,突然加速、减速、踩踏离合器踏板,因为前驱动车轮受力状态和定位角的变化,会造成侧滑量的变化。

2 汽车综合检测线外观检查标准

送检机动车应停放在指定位置,发动机停转("发动机运转状况"项目除外)。

检查时常用的设备和工具主要有:轮胎气压表、轮胎花纹深度计、透光率计、长度测量工具、手锤、铁钩及照明器具。

1)车身外观检测

检查项目:目视检查以下各项,必要时应用钢直尺等量具测量相关尺寸参数:

保险杠/后视镜/下视镜/风窗玻璃/车身、漆面/车体(周正)/货箱、安全架/车外顶行李架/外部图形文字、标识/车身广告/自行加装装置。

(1)后视镜、下视镜——汽车后视镜的安装数量及位置应符合国家标准《机动车辆后视镜的性能和安装要求》(GB 15084—2006)的规定,车长大于6m的平头客车、无轨电车和平头载货汽车设置下视镜应符合《机动车运行安全技术条件》(GB 7258—2012)要求。

(2) 车体(周正)——目视检查，车身外部乘员可能触及的任何部件、构件都不应有任何可能使人致伤的尖锐凸起物；车体外缘左右对称部位高度差(在离地高1.5m内测量)应不大于40mm，必要时可以采用专用测量仪器或铅锤、长度量具作精确测量。

(3) 外部图形文字、标识——目视检查，车长大于6m或总质量大于4500kg的货车、挂车车身(车厢)后部应喷涂有符合规定的放大牌号(参见《道路交通安全法实施条例》第十三条第一款及公共安全行业标准《中华人民共和国机动车号牌》[GA 36—2014])；燃气汽车车身应按规定标注其使用的燃料类型；消防车、救护车、工程救险车和警车的车身颜色、外观制式应符合相关规定。

(4) 车身广告——目视检查送检机动车喷涂、粘贴的标识或车身广告不应影响安全驾驶，且尺寸应适宜，不会影响车身颜色的确认。

(5) 自行加装装置——目视检查乘用车自行加装的前后防撞装置及货运机动车自行加装的防风罩、散热器、工具箱、备胎架，不应影响安全及号牌识别。(参见公安部令第102号第十六条及GA 36—2007的7.1)

(6) 注册登记检验时，应记录汽车是否在前风窗玻璃右上角粘贴有符合规定的整车3C标志并检查以下各项：号牌板(架)/能永久保持的商标(或厂标)/后视镜和下视镜数量和类型/乘用车前后部保险杠和货车前保险杠/货车货箱前部安全架，中华人民共和国机动车号牌；机动车除按照规定在车身外表面设置有一个能永久保持的商标(或厂标)外，也可以在车身外表面设置其他能体现车型及制造厂家的其他标志。

本条规定的车身外观检查项目在注册登记检验时如发现不合格情形，检验员除需在《机动车安全技术检验记录单(人工检验部分)》的栏"16.其他注册登记检验增加项目*"栏内标明外，还应在"备注"区内具体说明不合格情形。项目属性：注册登记检验，否决项。

2) 照明和电气信号装置检测

(1) 外部灯具和信号装置——目视检查，外部照明和信号装置应齐全完好，外部照明灯具均应能正常工作；对称设置、功能相同的灯具光色和亮度应基本一致；制动灯发光强度应明显大于后位灯发光强度；前照灯远近光束变换应正常，如发现近光光形无明暗截止线，应判定前照灯检验不合格。除转向信号灯、危险警告信号及消防车、救护车、工程救险车和警车安装使用的标志灯具外的其他外部灯具无闪烁的情形；附加的灯具、反射器或附属装置不会影响《机动车运行安全技术条件》(GB 7258—2012)规定安装的灯具和信号装置的性能或对其他的道路使用者造成不利影响。

(2) 标志灯具——目视检查/人工检查，警车、消防车、救护车和工程救险车安装的标志灯具应固定可靠，不得使用非固定式标志灯具；警车和消防车标志灯具光色应为红色或红、蓝色同时使用，救护车标志灯具光色应为蓝色，工程救险车标志灯具光色应为黄色。

(3) 检查机动车设置的喇叭是否具有连续发声功能，工作是否可靠，必要时应用声级计测量其喇叭声级是否符合规定。

(4) 所有货车(包括三轮汽车、低速货车和载货类汽车底盘改装的专用汽车)均应按照规定在后部和侧面粘贴车身反光标识。公安部交通管理局文件《关于加强机动车车身反光标识粘贴等工作的通知》(公交管[2008]190号)则进一步明确："自2008年10月20

日起,所有在用的货车和挂车应当按要求粘贴车身反光标识。"

(5)注册登记检验时,应重点检查车辆外部照明和信号装置的数量、位置、光色是否符合相关标准的规定,必要时应用量具测量相关尺寸参数。对2006年12月1日起新出厂的总质量不小于12000kg的货车和总质量大于3500kg的挂车,还应检查其安装的车身反光标识材料的白色单元上是否加施有符合规定的3C标志。

确认外部照明和信号装置的安装数量及位置,应符合《汽车及挂车外部照明和光信号装置的安装规定》(GB 4785—2007)、《两轮摩托车及轻便摩托车照明和光信号装置的安装规定》(GB 18100—2000及其第1号修改单)的规定。

对于有怀疑的3C标识,检验员可用稀释性溶剂擦拭,如出现标识褪色、模糊等现象应认定该标识为假冒标识,进而判定所用的车身反光标识为不合格产品。

3)发动机舱检测

检查项目:发动机系统机件/蓄电池桩头及连线/电器导线、各种管路/液压制动储液器/发动机标识/产品标牌。

(1)对于发动机舱布置紧凑或设置有盖板,需拆卸其他相关部件才能进行目视检查的项目,原则上不需要检查。

(2)在用车检验时,如发动机汽缸体上打刻(或铸出)的发动机型号和出厂编号不易见,但发动机易见部位的标有发动机型号和出厂编号的标识已缺失,安检机构可通过适当的方式确认送检机动车所安装发动机的型号和出厂编号。

(3)对于变更发动机时换用经国务院机动车产品主管部门许可选装的发动机的,车辆外观检查及车辆底盘检查时应注意检查发动机固定是否安全、可靠。

(4)出租车和公交车"油改气"的情形较多。车辆"油改气"改变了车辆结构,不符合现行车辆管理规定,且极易形成安全隐患,送检人应恢复原状后再行送检;但地方法规和政府规章相关规定允许"油改气"时,检验员应重点检查燃料系统和气体燃料专用装置是否符合《机动车运行安全技术条件》(GB 7258—2012)的相关规定。

(5)注册登记检验时还要求检查:如汽缸体上打刻(或铸出)的发动机型号和出厂编号不易见,应检查在发动机易见部位是否具有能永久保持的发动机型号和出厂编号的标识。如车辆产品标牌位于发动机舱,还应检查车辆产品标牌是否能永久保持及其内容是否规范、清晰耐久。

4)驾驶室(区)检测

检查项目:记录里程表读数,目视检查以下各项:门锁、门铰链/驾驶员座椅/汽车安全带/驾驶员视区/刮水器、洗涤器/汽车行驶记录仪/折翻式驾驶室。

注册登记检验时,检查:是否按照规定装备了各种仪表/设置了符合规定的操纵件、指示器及信号装置的图形标志/对乘用车和货运机动车,按照相关标准核定的乘坐人数是否与机动车注册登记证明、凭证记载的内容一致/汽车行驶记录仪及是否加施有符合规定的3C标志/机动车的警告性文字是否有中文标注,折翻式驾驶室翻转操纵机构附近易见部位是否有提醒驾驶员如何正确使用该操纵机构的文字/产品标牌(如位于驾驶室[区])是否能永久保持及其内容是否规范、清晰耐久。

5)发动机运转状况检测

检查发动机能否正常起动;起动发动机,检查怠速运转、电源充电状况、各仪表及指示器工作是否正常;检查发动机急加速过程中及在较高转速时急松加速踏板能否回至怠速状态和有无"回火""放炮"等异常状况;检查有无漏水、漏油、漏气现象及冷却液温度、油压指示是否正常;检查点火开关关闭后发动机能否迅速熄火;对柴油车还应检查停机装置是否灵活、有效。

本条规定了车辆外观检查时发动机运转状况的检验要求,均采用人工定性检查,宜与底盘动态检验合并进行。

6)客车内部检测

检查项目:座椅和卧铺布置/车厢灯、门灯/地板和车内行李架/灭火器/安全出口及安全门/汽车安全带。

注册登记检验时,还应检查客车安全出口的数量、位置和大小及座椅/卧铺位的数量和布置是否符合规定,乘客通道的宽度和高度是否能保证符合规定的通道测量装置顺利通过,通向安全门的通道宽度是否符合要求。

7)底盘件检测

目视检查以下各项:燃料箱是否固定可靠,燃料箱盖是否完好;挡泥板、牵引钩是否完好;蓄电池、蓄电池架的固定是否牢固可靠;储气筒排污阀功能是否有效;钢板弹簧的形式、片数是否符合规定,有无裂纹和断片,安装是否紧固;2003年3月1日起出厂的总质量大于3500kg的货车和挂车,其装备的侧面及后下部防护装置是否完好有效,货车列车的牵引车和挂车之间是否装备了有效的侧面防护装置;汽车列车的牵引连接装置是否连接可靠且装有防止车辆行驶中脱开的安全装置。

注册登记检验时,应重点检查货车和挂车的侧面防护装置的下缘离地高度、防护范围和前缘形式及后下部防护装置的离地高度、宽度、横截面宽度是否符合相关规定(必要时应用量具测量相关尺寸参数),检查后下部防护装置的强度是否具有明显不足的情形。

8)车轮检测

目视检查以下各项,必要时应使用轮胎花纹深度计或量具测量:同轴两侧是否装用同一型号、规格轮胎;轮胎的型号、速度级别及胎冠花纹深度、轮胎气压是否符合规定,乘用车轮胎的胎面磨损标志是否已可见;轮胎的胎面、胎壁有无长度超过25mm或深度足以暴露出轮胎帘布层的破裂和割伤及其他影响使用的缺损、异常磨损和变形;轮胎螺栓、半轴螺栓是否齐全、紧固。

若送检机动车装用轮胎的型号、速度级别不符合规定,或所装用轮胎的胎面、胎壁和胎冠花纹深度不符合规定,此次安全技术检验终止,应要求送检人换装符合规定的轮胎复检。若送检机动车轮胎气压不符合规定,应要求送检人将轮胎气压调整到规定气压后再进行其他项目的检验。

9)发现否决项不合格时的处理

检验出现否决项不合格的情况时,检验员应继续进行其他线外检验项目的检验。不合格项不会影响仪器设备检验结果的,还应进行线内检验。

10)发现其他不符合机动车国家安全技术标准情形时的处理

在车辆外观检查和底盘动态检验过程中,如发现有其他不符合《机动车运行安全技术条件》(GB 7258—2012)等机动车国家安全技术标准的情形(如:2005年2月1日起新注册登记机动车的警告性文字没有中文;汽车(三轮汽车除外)未按规定装备三角警告牌,或装备的三角警告牌在车上未妥善放置;消防车、救护车、工程救险车和警车未装备与其功能相适应的装置,或装备的装置布局不合理、固定不可靠等),检验员应在人工检验记录单备注栏内记录不符合现象。

二 任务实施

① 准备工作

(1)将实训车辆停放在检测区域。
(2)检查实训室通风系统设备工作是否正常。
(3)准备胎压表、胎纹深度尺、手锤、三件套等教学用具。

② 技术要求与注意事项

(1)车体周正,车体外缘左右对称部位高度差不得大于40cm。
(2)护轮板必须齐全。
(3)检查轮胎型号是否与车辆铭牌标示一致。
(4)在进行油、水液位检查时,一定要可靠平稳停靠车辆。
(5)驾驶员前方和左右侧不能贴太阳膜。

③ 操作步骤

(1)与客户交流,记录车辆信息和建立联系。图1-6为车辆信息。
准确记录车辆信息对于汽车检测与维修有重要意义。
(2)安装车辆防护用具。
安装好座椅套、转向盘套、换挡杆套、脚垫。确认驻车制动可靠实施,车辆挡块可靠安放。图1-7为防护用品安装。

图1-6 车辆信息

图1-7 防护用品安装

（3）检查车辆外观。

①确认车辆外观是否有明显划痕。图1-8为车身划痕检查。

②车门、发动机舱盖、行李舱盖的缝隙和锈蚀情况检查，如图1-9所示。

图1-8　车身划痕检查

图1-9　车门缝隙检查

③加装部件检查：太阳膜是否挡住驾驶员视线，是否有反光膜对车辆行驶造成安全隐患；其他加装物件安装是否可靠，是否影响车辆安全行驶，如图1-10所示。

④各灯具安装情况：是否有松动、破裂和非法改装。图1-11为车辆外观检查。

图1-10　加装部件检查

图1-11　车辆灯具检查

图1-12　检查底盘油液泄漏

（4）检查车辆倾斜度。

在胎压正常情况下车体周正，车体外缘左右对称部位高度差不得大于40mm。

（5）检查车辆油液泄露。

车辆平稳停放后检查发动机机油液、冷却液、制动液、玻璃清洗液，装备液压助力转向车型还需要检查助力转向液。图1-12为检查底盘油液是否泄漏。

（6）检查发动机运转状况。

起动发动机，待冷却液温度升高到风扇

转动,观察在怠速、中负荷、大负荷,急加速时发动机运转是否平稳。图 1-13 为检查发动机运转情况。

(7)转向制动检查。

转向系统主要检查项目:转向盘的自由间隙、转向系统是否存在漏油现象、转向助力工作是否正常等。

制动系统主要检查项目:制动踏板的自由间隙、制动踏板的反馈力度及行程、真空助力系统的工作状态、制动系统是否漏油和制动盘片的厚度等。

(8)轮胎型号、胎纹深度检查如图 1-14 所示。

检查轮胎型号是否与厂家标准(贴于车身上,多见于汽车副驾驶或驾驶室门框)一致。然后检查轮胎胎压和标记。轮胎型号标记例如:215/70R15,这些数字的含义分别是:215 表示胎面宽度,单位是 mm,一般轮胎的宽度在 145~285mm 之间,间隔为 10mm;70 是扁平比,即轮胎胎壁高度和胎面宽度的比例,70 代表 70%,一般轮胎的扁平比在 30%~80%之间;R 是英文 Radial 的缩写,表示轮胎为子午线胎,15 是轮辋的外径,单位是 in。

图 1-13　发动机运转情况检查

图 1-14　轮胎尺寸和胎纹深度检查

(9)安全带检查。

安全带老化、失去张紧感等是比较容易的,一般安全带装置都有安全带拉力限制器功能。检查搭扣上松开按钮的位置,确认这个按钮必须能够方便地触及以及轻松地打开,以便发生万一时能够解开安全带。

当安全带太脏时,可以用中性肥皂和微温的水,用布或海绵沾湿后进行擦洗,但不能使用染料或漂白剂,因为这些产品会腐蚀安全带。也不要用硬刷刷洗,以免降低安全带的抗拉强度。在安全带未干之前,不要使用。检查锁扣有没有异物进入,如果有灰尘进入肩部安全带的铰接处,会使安全带反应缓慢,及时用清洁的干布擦干净。如果安全带老化或者损坏,不能随便拆卸,必须去 4S 店更换。

三　学习拓展

车辆唯一性认定工作中的主要特征及技术参数认定宜结合车辆外观检查和底盘动态检验进行。检查时常用的设备和工具主要有:长度测量工具(钢卷尺、钢直尺等)、铅锤、照明器具及称重设备。

❶ 检验重点

对注册登记检验重点是检查车辆有无擅自改装、有无盗抢与走私嫌疑,各主要特征及技术参数、技术指标是否符合机动车国家安全技术标准,是否与该车型公告的数据一致。

❷ 检验项目和要求

应逐一核对送检机动车的车辆类型、品牌/型号、颜色、车辆识别代号(或整车型号和出厂编号)和发动机号码,认定机动车的主要特征和技术参数(详见附录 A),对货车(含三轮汽车、低速货车,下同)应测算后悬,对具有牵引功能的机动车还应测算功率,确认是否符合机动车国家安全技术标准并与国产机动车的整车出厂合格证明、进口机动车的进口凭证等证明、凭证记载及车辆产品标牌的内容一致。对货车、挂车、车长大于 6m 的客车应用量具测量相关尺寸参数,对货车、挂车还应用称重设备测量相关质量参数。同时,还应核对车辆识别代号(或整车出厂编号)的拓印膜,查验车辆识别代号(或整车出厂编号)、发动机号码有无被凿改嫌疑。

❸ 异常情形的处理

发现送检机动车有被盗抢嫌疑[如车辆识别代号(或整车型号和出厂编号)、发动机号码有凿改、挖补、打磨痕迹或垫片、擅自另外打刻等异常情形的,或车辆识别代号(或整车型号和出厂编号)、发动机号码与相关证明、凭证记载不一致的]或非法拼装嫌疑时,此次安全技术检验终止,机动车安全技术检验机构及其检验员应详细登记该送检机动车的相关信息并立即向公安机关有关部门报告,等待有关部门核实查处。

发现送检机动车的外廓尺寸、后悬及整备质量、核载、比功率等主要特征及技术参数、技术指标不符合机动车国家安全技术标准或与公告的数据不一致时,此次安全技术检验终止,机动车安全技术检验机构及其检验员应详细登记送检机动车的车辆类型、品牌/型号、车辆识别代号(或整车型号和出厂编号)、发动机号码、整车生产厂家、生产日期、公告批次(进口机动车除外)等信息,并尽快向所在地公安机关交通管理部门和质量技术监督部门报告。车辆外观检查见表1-6;底盘动态检验项目见表1-7;车辆底盘检测项目见表1-8。

车辆外观检查项目　　　　　　　　表1-6

序号	检验项目	内容	项目属性
1	车身外观	保险杠	注册登记检验时为否决项
		后视镜、下视镜、车窗玻璃	否决项
		车体周正、尖锐突出物	否决项
		漆面	建议维护项
		货厢、安全架、车外顶行李架	否决项
		外部喷涂与文字标志、标识和车身广告	否决项
		自行加装装置对号牌识别的影响	否决项
		号牌板(架)	注册登记检验,否决项
		商标(或厂标)	注册登记检验,否决项

续上表

序号	检验项目	内容	项目属性
2	照明和电气信号装置	前后位灯/后牌照灯/示廓灯/挂车标志灯	否决项
		转向信号灯(前、侧、后),危险警告信号灯	否决项
		前照灯(远光、近光)	否决项
		制动灯、后反射器、后雾灯、倒车灯	否决项
		侧标志灯、侧反射器	否决项
2	照明和电气信号装置	道路运输危险货物车辆标识	否决项
		特种车辆标志灯具	否决项
		附加的灯具、反射器或附属装置	否决项
		喇叭(功能性检查)	否决项
		车身反光标识	否决项
3	发动机舱	发动机各系统机件	建议维护项
		蓄电池桩头及连线	建议维护项
		电器导线、各种管路	否决项
		储液器(使用液压制动的汽车)	否决项
		发动机标识	注册登记检验,否决项
4	驾驶室(区)	门锁及门铰链	建议维护项
		驾驶员座椅	否决项
		安全带	否决项
		前风窗玻璃及其他风窗玻璃用于驾驶员视区的部位	否决项
		刮水器	否决项
		洗涤器	建议维护项
		汽车行驶记录仪	否决项
		驾驶室固定	否决项
		仪表数量类型,操纵件、指示器及信号装置图形标志	注册登记检验,否决项
		警告性文字的中文标注,车辆产品标牌	注册登记检验,否决项
5	发动机运转状况	起动性能	否决项
		怠速、电源充电、仪表及指示器	建议维护项
		加速踏板控制	建议维护项
		漏水、漏油、漏气,冷却液温度、油压	建议维护项
		关电熄火/(柴油车)停机装置	否决项
6	客车内部	座椅/卧铺数量、座椅间距	否决项
		扶手和卧铺护栏	建议维护项
		车厢灯、门灯	建议维护项
		客车地板、车内行李架	建议维护项
		灭火器、安全出口标识、安全手锤、安全门	否决项
		安全带	否决项

续上表

序号	检验项目	内容	项目属性
6	客车内部	安全出口的数量、位置和尺寸	注册登记检验,否决项
		乘客通道、通往安全门的通道	注册登记检验,否决项
7	底盘件	燃料箱、燃料箱盖	否决项
		挡泥板、牵引钩、蓄电池、蓄电池架	建议维护项
		储气筒排污阀	建议维护项
		钢板弹簧	否决项
		侧面及后下部防护装置	否决项
		牵引连接装置	建议维护项
8	车轮	轮胎型号/规格/速度级别	否决项
		轮胎胎冠花纹深度,胎面破裂/割伤、磨损、变形	否决项
		轮胎螺栓、半轴螺栓	否决项
		备胎标识	注册登记检验,否决项
9	其他	整车 3C 标志	注册登记检验,记录项
		其他不符合 GB 7258 等机动车国家安全技术标准的情形	注册登记检验时为否决项

底盘动态检验项目　　　　　　　　　　　　　　　　　　　　　　表 1-7

序号	检验项目	内容	项目属性
1	转向系	转向盘最大自由转动量	否决项
		转向沉重	否决项
		自动回正、保持直线行驶能力	建议维护项
2	传动系	离合器	建议维护项
		变速器	建议维护项
		传动轴/链	建议维护项
		驱动桥	建议维护项
3	制动系	点制动跑偏(20km/h)	建议维护项
		低气压报警装置	否决项
		弹簧储能制动器	建议维护项
		防抱制动装置指示灯(自检功能)	注册登记检验,否决项
4	驾驶区	仪表和指示器	否决项

车辆底盘检查项目　　　　　　　　　　　　　　　　　　　　　　表 1-8

序号	检验项目	内容	项目属性
1	转向系	转向器固定	否决项
		转向各部件	否决项
2	传动系	变速器及分动器支架	否决项
		传动各部件	否决项
3	行驶系	钢板吊耳及销	否决项
		中心螺栓、U 型螺栓	建议维护项

续上表

序号	检验项目	内　　容	项目属性
3	行驶系	车桥移位	否决项
		车架纵梁、横梁	建议维护项
		悬架杆系	建议维护项
4	制动系	制动系部件、结构改动	否决项
		制动主缸、轮缸、制动管路漏气、漏油	否决项
		制动软管老化	否决项
		制动管路固定	否决项
5	电器线路	电器线路检查	否决项
6	底盘其他部件	发动机固定	否决项
		排气管、消声器	否决项
		燃料管路	否决项

注："否决项"指该项目在注册登记检验和在用车检验时均要进行，且均为否决项；"建议维护项"指该项目在注册登记检验和在用车检验时均要进行，但均为建议维护项；"注册登记检验时为否决项"指该项目在注册登记检验和在用车检验时均要进行，但仅在注册登记检验时为否决项，在用车检验时则为建议维护项；"注册登记检验，否决项"指该项目仅在注册登记检验时进行且为否决项，在用车检验时不进行；"注册登记检验，记录项"指该项目仅在注册登记检验时记录相关情况。

四　评价与反馈

❶ 自我评价

(1) 通过本学习任务的学习你是否已经知道以下问题：

①汽车轮胎检查时应注意哪些问题？_____。

②在汽车发动机外观检测中应注意哪些问题？_____。

(2) 在汽车外观检查包括那几大模块？

_____。

(3) 实训过程完成情况如何？

_____。

(4) 通过本学习任务的学习，你认为自己的知识和技能还有哪些欠缺？

_____。

签名：_____　　　____年____月____日

❷ 小组评价（表1-9）

小　组　评　价　表　　　　　表1-9

序号	评价项目	评价情况
1	着装是否符合要求	
2	是否能合理规范地使用仪器和设备	
3	是否按照安全和规范的流程操作	

续上表

序号	评价项目	评价情况
4	是否遵守学习、实训场地的规章制度	
5	是否能保持学习、实训场地整洁	
6	团结协作情况	

参与评价的同学签名：_____　　　_____年___月___日

❸ 教师评价

_____

_____。

签名：_____　　　_____年___月___日

五 技能考核标准

考核的方式建议用每个人独立完成学习领域中的实训任务，培养学生独立自主完成任务的能力。实训任务综合性较强，可以根据学生完成实训任务的情况评价整个学习领域的学习效果。表1-10 为技能考核标准。

技能考核标准表　　　　　　　　　　　　　　　　　表1-10

序号	项目	操作内容	规定分	评分标准	得分
1	汽车外观检测流程	记录车辆铭牌信息	5分	记录信息是否全面，缺少一个信息扣2分	
2		防护用品安装情况	10分	是否正确安装三件套、车轮挡块，未安装一个扣5分	
3		车身外观检查	10分	是否正确检查到车身漆面损伤和钣金件损伤，是否能正确判别车辆的加装装置，如果缺少一个检测项目扣3分	
4		安全带检查	10分	是否正确检查到安全带的外观、锁止与预紧功能，检查的三个部分，缺少一个部分扣4分	
5		车辆底盘检查	20分	是否正确检测到行驶、转向、制动和漏液项目，少一个部分扣5分	
6		发动机检查	20分	检测发动机的五个部分，缺少一个扣4分	
7		照明信号装置检查	20分	是否正确检测十个项目，缺少一个扣2分	
8		复位	5分	是否完整复位，未复位一个扣1分，扣完为止	
	总分		100分		

项目二　线上检测

学习任务 2　车辆侧滑性能检测

学习目标

知识目标

1. 掌握车轮侧滑量检测的理论知识；
2. 汽车车轮侧滑量检测过程中的术语和定义；
3. 掌握与侧滑检测的相关国家标准。

技能目标

1. 能完成车轮侧滑量检测的操作流程；
2. 能完成对车轮侧滑量不合格的诊断和调整。

建议课时

4 课时。

任务描述

小明同学家的轿车在汽车行驶过程中转向沉重，操纵困难，到维修站检查底盘未发现异常，此时需要对车辆进行侧滑量的检测。

一　理论知识准备

1 汽车检测站实际工作情况描述

引车员在检测侧滑时，应以 3km/h 的车速，平稳地低速直行通过侧滑台，待被测车轮

图 2-1 侧滑数据

从侧滑台板上完全通过后,工位计算机会及时采集该车的侧滑数据,如图 2-1 所示。

引车员应将车辆沿地面车行道行驶,尽可能使车辆与侧滑台保持垂直,不准在侧滑检测台上转向、制动,以免损伤测量机构。

引车员不准将重载车辆、自重超过设备限制质量的车辆开到侧滑检测台上,以防压坏机件或压弯滑动台板。

前驱动的汽车在检测中,不允许在通过侧滑台时,突然加速、减速、踩踏离合器踏板,因为前驱动车轮受力状态和定位角的变化,会造成侧滑量的变化。

❷ 汽车车轮侧滑量检测的理论知识

转向轮侧滑是指转向轮外倾角与转向前束综合作用表现出来的车轮滚动时的横向滑移量。车辆设置车轮外倾角是为了避免车桥因承载变形而可能出现的车轮内倾,从而避免汽车轮胎的异常磨损,同时一定的外倾角可减轻轮毂外轴承的负荷。在车辆前行时,为了减少因轮胎外倾角造成的两轮分别向外滚开的趋势,使轮胎不致在地面上横向拖磨而产生异常磨损,车辆设置了汽车前束。

在前束和外倾角的综合作用下,若前轮外倾角和前束恰当配合,前轮自由滚动方向与实际行驶方向一致,前轮在地面上纯滚动,直线行驶时所受的侧向力总和为零;反之,前束大于或小于实际需要时,前轮自滚动方向内或向外偏离其实际行驶方向所引起的车轮向内或向外滑移,是轮胎表面受到与滑移方向相反的侧向力。侧向力大小显然与前轮自由滚动方向偏离实际行驶方向的角度所决定的轮胎侧向滑移量有关。

汽车车轮通过侧滑台滑板时,由于滑板的内向移动仅受滑板与支持滚轮间的摩擦力和滑板的复位弹簧拉力的约束,同时轮胎与滑板间有足够的侧向方向,只要所产生的侧向力大于滑板与滚轮间摩擦力和弹簧弹性恢复力之和,前轮向前滚动的同时便会带动滑板侧滑。侧滑量取决于前轮自由滚动方向与实际行驶方向的偏离量。

❸ 汽车车轮侧滑量检测过程中的术语和定义

侧滑量:汽车直线行驶位移量为 1km 时,前轮(转向轮)的横向位移量 X 称为侧滑量。侧滑量的单位:m/km。

滑板有效测量长度:滑板在垂直于其移动方向上的长度。

❹ 与侧滑检测的相关国家标准

《机动车安全检测设备检定技术条件第 1 部分:滑板式汽车侧滑试验台检定技术条件》(GB/T 11798.1—2001)对车轮侧滑量做出了如下规定。

1)外观检测的要求

(1)侧滑台应有清晰的铭牌,标明设备型号、设备名称、额定载荷、测量范围、出厂编号、制造厂名、出厂日期。

(2)各操纵件如开关、按钮及插座、接线端子等应有明显的文字或符号标志,符号标志应符合有关标准的规定;操纵件的操作应灵活、可靠、无松动或卡滞等现象。

(3)指针式仪表,表盘应清晰、指针能调零,不应弯曲,回转应平稳、灵活,不应有跳动、卡滞等现象。数字式显示仪表,无影响读数的缺陷;数字显示值应在5s内稳定;示值保留时间不少于8s。

(4)各机件应完好,滑板移动灵活、平稳,没有明显的阻滞和晃动现象,调整机构操作应灵活、可靠。

2)电气系统安全性的要求

(1)侧滑台应有保护接地端子,该端子旁应有清晰的接地标志。保护接地端子应通过专用的黄绿色导线与保护接地点可靠连接。

(2)侧滑台的电气系统,其安全性应符合额定工作电压不超过500V的Ⅰ类安全仪器的规定。绝缘电阻值不小于5MΩ。

3)零位误差

滑板移动3m/km时回复,不超过±0.2m/km;滑板移动0.4m/km时回复,不超过±0.2m/km;零点漂移30min中不大于0.2m/km。

4)示值误差的要求

不超过±0.2m/km,配有打印装置或配置在计算机控制的机动车检测线上的侧滑台,其仪表显示值、打印值或线上计算机显示值均应符合本规定。

5)重复性误差的要求

在检测过程中不大于0.1m/km。

6)报警点判定误差的要求

以车速5m/km进行检测时,不超过±0.2m/km。

7)滑板动作力的要求

(1)滑板从零位移动至0.1mm时:滑板有效测量长度大于500mm,滑板动作力不大于60N;滑板有效测量长度不大于500mm,滑板动作力不大于40N。

(2)滑板移动至侧滑量为5m/km时:滑板有效测量长度大于500mm,滑板动作力不大于120N;滑板有效测量长度不大于500mm,滑板动作力不大于80N。

8)检定条件的要求

(1)温度:0~40℃。

(2)相对湿度:<85%。

(3)电源电压:额定电压±10%。

(4)检定应在周围无影响测量的污染、振动、噪声、电磁干扰的环境下进行。

二 任务实施

1 准备工作

(1)将实训车辆停放在检测区域。

(2)检查实训室通风系统设备工作是否正常。

(3)准备汽车车轮侧滑量检测设备、车轮挡块、翼子板布、三件套等教学用具。

❷ 技术要求与注意事项

(1)车辆通过侧滑检验台时,不得转动转向盘。

(2)不得在侧滑台上制动或停车。

(3)勿使轴荷超过检验台允许载荷的汽车行驶到检验台上,以防压弯滑动板。

(4)不要在检验台上进行车辆维护修理工作。

(5)清洁时,不要让水或稀泥带入检测台,应保持侧滑台滑板下部的清洁,防止锈蚀。

(6)对台架表面不应用腐蚀性液体擦拭,经常保持清洁。

(7)每月检查连杆机构的工作状态,各接触部位不得有松动和窜动等不良现象。检查活动滑板运动是否灵活。

(8)每三个月检查测量机构的杠杆及复位情况,如果杠杆动作不够灵活,需进行清洁与润滑工作,调整复位弹簧拉力。

(9)每六个月检查滑动板下面的滚轮、轨道清洁泥污,紧固润滑。维护方法为拆下滑板,用溶剂清除滚轮、轨道等处的旧油,再涂上新润滑油。对磨损严重的滚轮、导向轴轨道等可据情更换。

(10)定期对侧滑台底部进行清洁处理。

(11)当不检测时,应将滑板锁止待测试时再打开。

❸ 操作步骤

(1)仪器开始检测,如图2-2所示。松开滑板锁止装置,接通电源预热;轻轻推动滑板几次后,将仪表调零;将侧滑台台面、量具和工具擦拭干净,安装滑板微动工具、磁性表座、百分表、挡位工具;使百分表测杆轴线与滑板移动方向一致,将百分表测头的行程压入15mm后调零。

(2)检查轮胎状态,如图2-3所示。对轮胎进行清洁;检查轮胎气压是否符合检测标准;检查轮胎花纹深度是否符合检测标准。

图2-2 仪器开始检测界面

图2-3 胎压检测

(3)检测侧滑台,如图2-4所示。检测侧滑台是否具有轮胎侧向力释放功能,并能工作正常。

(4)检测位置,如图2-5所示。车辆正直居中驶进侧滑检验台,并使转向轮处于正中位置。

图2-4 侧滑台检查

图2-5 检测车辆位置

(5)检测侧滑量,如图2-6所示。以3~5km/h车速平稳通过侧滑检验台。
(6)记录车轮侧滑量的数值,如图2-7所示。读取最大的车轮侧滑量数值,并记录。

图2-6 侧滑检测

图2-7 侧滑数据记录

4 车轮侧滑量分析与诊断

通过前面的分析,我们知道侧滑是由汽车前轮的外倾角和前束共同作用产生的,假设由外倾角产生的侧滑分量为S_a,有前束产生的侧滑分量为S_t,在外倾角及前束值不大的情况下,可以认为S_a和S_t在前进和后退过程中,侧滑分量数值不变。设车轮在前进时通过侧滑台所产生的侧滑量为A,在后退时的侧滑量为B,则可以得到表2-1结论。

车辆侧滑数据分析　　　　　　　　　　　　　　　表2-1

前进时	后退时	前进时	后退时
外倾时S_a为负数	外倾时S_a为负数	前束时S_t为正数	前束时S_t为负数
内倾时S_a为正数	内倾时S_a为正数	前张时S_t为负数	前张时S_t为正数

当车轮存在外倾角和前束角时:B为负数,且B的绝对值大于或等于A的绝对值。

车轮侧滑检测的是车轮前束和车轮外倾的综合作用,与轮胎的异常磨损、车辆行驶的稳定性和安全性有密切的关系。在检测中如果是向外滑超标,表明前束过大;如果向内滑超标,表明前束过小。需要强调的是侧滑检测的是车轮前束和车轮外倾的综合作用,绝大多数情况下侧滑不合格都可以通过前束调整来解决,但侧滑合格并不一定说明车轮定位符合设计要求,为了保障行车安全应建议通过系统定位调整来解决侧滑不合格问题。

三 学习拓展

对于非独立悬架汽车而言,转向轮是否发生侧滑仅取决于转向轮前束。随着汽车速度的不断提高,非独立悬架已不能满足行驶平顺性和操作稳定性等方面的要求,因此广泛使用独立悬架。独立悬架结构复杂,零部件刚度低,抗变形能力较差,加之其导向杆系接点处均采用的是橡胶衬套结构,变形较为显著,在使用中容易引起转向轮定位参数的变化。引起车轮定位参数变化的因素有很多,如载荷、车速、驱动力和车轮的运动特点以及上面所述的零部件的变形、磨损等。

❶ 车辆载荷的影响

前桥独立悬架车辆,特别是轿车,当车辆载荷发生变化时前轮外倾角就会发生变化。前桥独立悬架车辆在驾驶员位乘坐1人使车辆偏载,车辆偏载时左右车轮的外倾角都发生了变化。车轮外倾角的变化势必引起车轮侧滑的变化。偏载与空载时相比,前轮外倾角有相差 0.7°。与之相反,前排左、右各乘坐1人与空载时的前轮外倾角却基本一致。

❷ 车速的影响

汽车在行驶过程中所受的外力,除了地面的作用力外,还有空气的阻力。在车速很低的时候,空气作用力可以忽略不计。但随着车速的增大,空气阻力对汽车操纵稳定性的影响不断增大。空气阻力作用于汽车车身上,使汽车的受力状态发生改变。

❸ 驱动力的影响

具有独立悬架的汽车不一定是前轮驱动,但是前轮驱动的汽车前桥基本上都是独立悬架的。对于前轮驱动的汽车,当其行驶时,驱动轮上输出的牵引力会使得两驱动轮对汽车悬架的下摆臂,造成一个绕下摆臂铰链点向前转动的力矩,和作用在平衡杆的纵向推力。这个力矩和力很大的时候就会改变车轮定位参数。

❹ 车轮运动特点的影响

独立悬架车辆前轮的运动,除前进时的旋转及上下跳动外,在上下运动的同时还存在着横向运动,使轮距发生变化。又由于独立悬架结构复杂,零部件刚度低,从而会因轮距的变化而引起车轮定位参数的变化。

四 评价与反馈

❶ 自我评价

(1)通过本学习任务的学习你是否已经知道以下问题:
①汽车车轮侧滑量不正常会出现什么故障现象? _____。
②在汽车车轮侧滑量检测中应注意哪些问题? _____。
(2)在汽车车轮侧滑量检测操作过程中用到了哪些设备?

(3)实训过程完成情况如何?

(4)通过本学习任务的学习,你认为自己的知识和技能还有哪些欠缺?

签名:＿＿＿＿＿＿　　　＿＿＿年＿＿＿月＿＿＿日

❷ 小组评价(表2-2)

小组评价表　　　　　　　　　　　　　　　　表2-2

序号	评价项目	评价情况
1	着装是否符合要求	
2	是否能合理规范地使用仪器和设备	
3	是否按照安全和规范的流程操作	
4	是否遵守学习、实训场地的规章制度	
5	是否能保持学习、实训场地整洁	
6	团结协作情况	

参与评价的同学签名:＿＿＿＿＿＿＿＿　　　＿＿＿年＿＿＿月＿＿＿日

❸ 教师评价

教师签名:＿＿＿＿＿＿　　　＿＿＿年＿＿＿月＿＿＿日

五 技能考核标准

考核的方式建议用每个人独立完成学习领域中的实训任务,培养学生独立自主完成任务的能力。实训任务综合性较强,可以根据学生完成实训任务的情况评价整个学习领域的学习效果。表2-3为技能考核标准。

技能考核标准表　　　　　　　　　　　　　　　表2-3

序号	项目	操作内容	规定分	评分标准	得分
1	汽车轮胎动平衡检测流程	预热检测仪器	10分	是否达到预热的温度,温度不符合要求不得分	
2		调零检测仪器	10分	是否正确地完成校正,并记录数据,记录数据错误不得分	
3		将侧滑台台面、量具和工具擦拭干净	10分	没有检查动作不得分,做得不到位,得一半的分	
4		安装滑板微动工具、磁性表座、百分表、挡位工具	10分	如果没有轻微晃动,安装不到位,此项不得分	
5		对轮胎进行清洁	10分	是否有清洁动作,没有操作动作不得分	

续上表

序号	项目	操作内容	规定分	评分标准	得分
6	汽车轮胎动平衡检测流程	轮胎花纹深度检查	10分	操作正确并记录结果,如果结果记录错误不得分	
7		轮胎压力检查	10分	操作正确并记录得分,记录不正确不得分	
8		车辆在检测仪上位置正确	10分	检查车辆是否正确位置,判断错误不得分	
9		检测侧滑量时,车速符合要求	10分	检测过程中,确认车速是否操作要求,没有确认车速此项不得分	
10		正确记录车轮侧滑量数据	10分	是否正确记录检测数据,数据错误一个扣5分,扣完为止	
		总分	100分		

学习任务3　悬架性能检测

学习目标

★ 知识目标

1. 掌握汽车悬架的组成与分类;
2. 掌握汽车悬架性能检测的理论知识;
3. 与汽车悬架检测相关的国家标准。

★ 技能目标

1. 能完成汽车悬架性能的检测流程及分析;
2. 能对悬架性能故障的分析和诊断。

建议课时

4课时。

任务描述

小明家四驱越野车,经过车身加高改装之后,出现了较为严重的摆尾现象,车身稳定性下降,乘坐舒适性变差,维修人员更换弹簧和减振器后仍然存在明显地故障现象,此时需要进行悬架性能检测。

一 理论知识准备

1 汽车悬架的组成与分类

悬架装置是汽车底盘的一个重要装置,通常由弹性元件、导向装置和减振器三部分组成。汽车悬架系统的故障将直接影响汽车的行驶平顺性、操纵稳定性和行驶安全性。因此,悬架装置的技术状况和工作性能,对汽车整体性能有着重要影响。所以,检测悬架装置的工作性能是十分重要的。

根据汽车导向机构不同悬架种类又可分为独立悬架,非独立悬架,如图3-1所示。

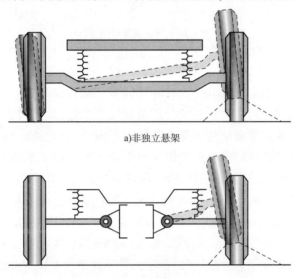

a)非独立悬架

b)独立悬架

图3-1　汽车悬架

非独立悬架如图3-1a)所示。其特点是两侧车轮安装于一整体式车桥上,当一侧车轮受冲击力时会直接影响到另一侧车轮上,当车轮上下跳动时定位参数变化小。若采用钢板弹簧作弹性元件,它可兼起导向作用,使结构大为简化,降低成本。目前广泛应用于货车和大客车上,有些轿车后悬架也有采用的。非独立悬架由于非簧载质量比较大,高速行驶时悬架受到冲击载荷比较大,平顺性较差。

独立悬架如图3-1b)所示。它是两侧车轮分别独立地与车架(或车身)弹性地连接,当一侧车轮受冲击,其运动不直接影响到另一侧车轮,独立悬架所采用的车桥是断开式的。这样使得发动机可放低安装,有利于降低汽车重心,并使结构紧凑。独立悬架允许前轮有大的跳动空间,有利于转向,便于选择软的弹簧元件使平顺性得到改善。同时独立悬架非簧载质量小,可提高汽车车轮的附着性。

2 与汽车悬架检测相关的国家标准

用谐振式汽车悬架装置检测台检测汽车悬架特性时,其评价指标为吸收率,如图3-2所示。汽车在谐振式汽车悬架装置检测台检测悬架特性时,被测汽车的车轮在外界激烈振动下,共振时的最小的动态车轮垂直接地力与静态车轮垂直接地力之比为吸收率,用百分数表示(%)。用谐振式汽车悬架装置检测台检测汽车悬架特性时,吸收率应不小于40%;同轴左右轮吸收率之差不得大于15%。

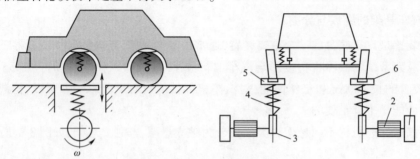

图 3-2 共振式悬架检测台
1-蓄能飞轮;2-电动机;3-偏心轮;4-激振弹簧;3-台面;6-测量装置

用平板式检测台检测汽车悬架特性时,其评价指标为悬架效率。用平板式检测台检测汽车悬架特性时,车辆以 5~10km/h 的速度驶上平板式检测台后,驾驶员迅速踩下制动踏板,车轮制动停在平板上,此时车轮处的负重发生变化,测试时前后车轮处的负重随时间变化的曲线。反映的是制动时前部车身先加速向下,前轮处的动态负重先从静态负重附近(O 点)上升到最大值,再从最大值下降到最小值。由于车辆悬架系统能衰减、吸收车身的振动,所以,车身的振动经过一段时间后就会消失。用平板式检测台检测汽车悬架特性时,悬架效率应不小于45%;同轴左右轮悬架效率之差不得大于20%。

《营运车辆综合性能要求和检验方法》(GB 18565—2001)中规定:

对于最大设计车速≥100km/h、轴载质量≤1500kg 的载客汽车,应用悬架检测台按规定的方法进行检测悬架特性,受检车辆的车轮在受外界激励振动下测得的吸收率,即被测汽车共振时的最小动态车轮垂直载荷与静态车轮垂直载荷的百分比值(又称车轮接地性指数),应不小于40%,同轴左右轮吸收率之差不得大于15%。

二 任务实施

汽车悬架装置工作性能的检测方法有经验法、按压车体法和试验台检测法三种类型。

经验法是通过人工外观检视的方法,主要从外部检查悬架装置的弹簧是否有裂纹,弹簧和导向装置的连接螺栓是否松动,减振器是否漏油、缺油和损坏等问题。

按压车体法既可以人工按压车体,也可以用试验台的动力按压车体。按压使车体上下运动,观察悬架装置减振器和各部件的工作情况,凭经验判断是否需要更换或修理减振器和其他部件。

检测台能快速检测、诊断悬架装置工作性能,并能进行定量分析。根据激振方式不同,悬架装置检测台可分为跌落式和共振式两种类型。其中,共振式悬架装置检测台根据检测参数的不同,又可分为测力式和测位移式两种类型。

1 准备工作

(1)将实训车辆停放在检测区域。

(2)检查实训室通风系统设备工作是否正常。
(3)悬架装置检测台、车辆挡块、翼子板布、三件套等教学用具。

❷ 技术要求与注意事项

车轮接地性指数可以表征悬架装置的工作性能,车轮接地性指数表明了悬架装置在汽车行驶中确保车轮与路面相接触的最小能力。汽车行驶中,所有车轮的接地性指数是不一样的,这是因为各轮悬架装置工作性能不一、各轮承受载荷不一、各轮气压不一等原因造成的。如果在检测台上,人为使各轮承受的载荷和轮胎气压一致,那么,车轮接地性指数就主要决定于悬架装置的工作性能。因此,完全可以用车轮接地性指数评价悬架装置的工作性能。

❸ 操作步骤

(1)检查车辆状态。
①车轮胎规格、气压应符合规定值;
②车辆空载,不乘人。图3-3为检查胎压示意图。

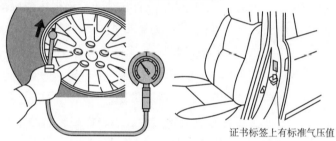

证书标签上有标准气压值

图3-3 检查胎压

(2)将车辆停放在检测台上。车辆正直居中驶进侧滑检验台,并使转向轮处于正中位置。图3-4为车辆可靠停放在检测台上。

(3)启动检测台,使激振器迫使汽车悬挂产生振动,使振动频率增加至超过振荡的共振频率。图3-5为启动检测界面。

图3-4 车辆可靠停放在检测台上

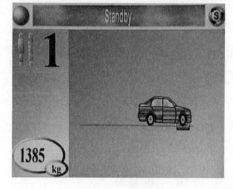

图3-5 启动检测台

(4)进行悬架检测。在共振点过后,将激振源关断,振动频率减少,并将通过共振点。图3-6为悬架检测界面。

(5) 记录显示动态轮荷与静态轮荷的百分比及其同轴左右轮百分的差值。图3-7为数据记录界面。

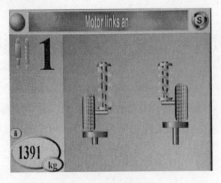
图3-6 悬架检测界面

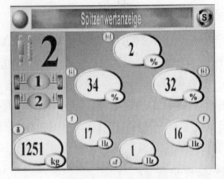
图3-7 完成数据记录

三 学习拓展

减振器异响的故障机理:由减振器与车架或轴相碰撞,胶垫损坏或脱落以及减振器防尘筒变形,油液不足等原因引起的。车身下沉故障机理:由于减振器漏油、内部工作失效,螺旋弹簧变形、断裂等原因引起;也可能由轮胎气压过低导致,但该故障不会引起异响。轿车行驶时不稳定、转向盘抖动,且左前轮轮胎局部磨出秃点。

❶ 轮胎的中央部分早期磨损

其主要原因是充气量过大。适当提高轮胎的充气量,可以减少轮胎的滚动阻力,节约燃油。但充气量过大时,不但影响轮胎的减振性能,还会使轮胎变形量过大,与地面的接触面积减小,正常磨损只能由胎面中央部分承担,形成早期磨损。如果在窄轮辋上选用宽轮胎,也会造成中央部分早期磨损,如图3-8所示。

图3-8 轮胎的中央部分早期磨损

❷ 轮胎出现斑秃形磨损

在轮胎的个别部位出现斑秃形磨损的原因是轮胎平衡性差。当不平衡的车轮高速转动时,个别部位受力大,磨损加快,同时转向不顺,操纵性能变差。若在行驶中发现某一个特定速度方向有轻微抖动时,就应该对车轮进行平衡调整,以防出现斑秃形磨损。

❸ 个别轮胎磨损量大

个别车轮的悬架系统失常、支承件弯曲或个别车轮不平衡都会造成个别轮胎早期磨损。出现这种情况后,应检查磨损车轮的定位情况、独立悬架弹簧和减振器的工作情况,同时应缩短车轮换位周期。

四 评价与反馈

❶ 自我评价

(1)通过本学习任务的学习你是否已经知道以下问题:

①汽车悬架性能不稳定会出现什么故障现象? _____

②在汽车悬架性能检测中应注意哪些问题? _____

(2)在汽车轮胎动平衡检测操作过程中用到了哪些设备? _____

(3)实训过程完成情况如何?

_____

(4)通过本学习任务的学习,你认为自己的知识和技能还有哪些欠缺?

_____

签名:_____   ____年___月___日

❷ 小组评价(表3-1)

小 组 评 价 表   表3-1

序号	评价项目	评价情况
1	着装是否符合要求	
2	是否能合理规范地使用仪器和设备	
3	是否按照安全和规范的流程操作	
4	是否遵守学习、实训场地的规章制度	
5	是否能保持学习、实训场地整洁	
6	团结协作情况	

参与评价的同学签名:_____   ____年___月___日

❸ 教师评价

_____

教师签名:_____   ____年___月___日

五 技能考核标准

考核的方式建议用每个人独立完成学习领域中的实训任务,培养学生独立自主完成任务的能力。实训任务综合性较强,可以根据学生完成实训任务的情况评价整个学习领域的学习效果。表3-2为技能考核标准。

技能考核标准表   表3-2

序号	项目	操作内容	规定分	评分标准	得分
1	悬架性能的检测	检查检测台是否满足检测条件	10分	检查是否满足检测条件,没有检查检测台的工作情况此项不得分	
2		检查车辆状态	10分	是否检查车辆状态,检测内容包括悬架是否有明显损伤、螺栓明显的松动	

续上表

序号	项目	操作内容	规定分	评分标准	得分
3	悬架性能的检测	车轮胎规格、气压应符合规定值	10分	检查并记录轮胎压,胎压不正确不得分	
4		将车辆正确地停放在检测台上	20分	检查待检测车辆是否停放在规定的位置,没有检查动作或者没有记录此项不得分	
5		正确地启动检测台	10分	是否能正确地启动,没有正确启动检测台不得分	
6		记录悬架检测的检测结果	20分	能否正确的记录结果,错误一个扣5分,扣完为止	
7		将车辆安全驶离检测台	10分	是否能按规定驶离检测台,否则不得分	
8		复位检测工位	10分	在检测完毕后,是否进行完全复位,没有复位不得分	
		总分	100分		

学习任务4　汽车制动力检测

 学习目标

 知识目标

1. 掌握汽车制动系统的组成;
2. 汽车制动力检测过程中的术语和定义;
3. 掌握汽车制动力检测的理论知识;
4. 掌握汽车制动力检测的国家标准。

技能目标

1. 能完成汽车制动力检测的操作流程;
2. 能完成汽车制动力检测结果的分析和诊断。

建议课时

4课时。

项目二 线上检测

任务描述

小明同学家的汽车在行驶过程中,发现制动有跑偏的现象,但是他平时没有注意到制动性能的重要性。汽车制动性能的好坏,是安全行车最重要的因素之一,因此小明同学需要学习汽车制动性能检测的相关要求和检测内容。

一 理论知识准备

1 汽车检测站实际工作情况描述

轴(轮)重检测和制动检测时,根据点阵屏的指示,引车员将车辆平稳地低速驶上轴重、制动组合台,到位以后,轻踩制动踏板,等待举升机构下降。在举升机构下降这一过程中,工位计算机将完成轴重测量,取得数据。

测量轴重完成后,制动台电动机带动制动滚筒旋转,检测设备、工位计算机进入测量状态,驾驶员应严格按照该工位计算机的指示进行操作,及时地缓慢踩下制动踏板,监视踏板力计显示值至规定值。停留数秒后再完全松开制动踏板,此时工位计算机能计算出该车轴重。

仪器采集到左、右轮的最大制动力数据和其他阻滞力、协调时间等数据。后轮制动性能检测重复此过程。进行驻车制动性能检测时,监视驻车制动操纵力计,拉驻车制动拉杆至规定值。

上述数据结合该车的轴重数据,就可以计算出该车的制动效率和左右轮的制动力平衡数据。

采集到制动数据后,等待举升机构上升到位,检测驾驶员根据工位计算机的指示,将该轴的车轮驶出制动检测台以进行下一项项目的检测。

制动性能检测时汽车变速器应处于空挡位置。检测中必要时用挡块抵住位于检测台滚筒之外的一对车轮的后方,以防止在检测时车轮从检测台向后滑出。

2 汽车制动系统组成

制动系统由制动踏板、制动助力器、制动主缸、制动液储液罐等零件组成。工作原理如图4-1所示。

行车制动器应减小车辆速度,在长的坡道路上保持车辆速度恒定或将车辆置于静止状态。驻车制动器应将停在陡峭路面上的车辆保持在静止状态。

制动系统需要以下零部件,如图4-2、图4-3所示。

制动主缸将脚踏力转换成液压压力,把制动液无气泡地输送到车轮制动器。

真空助力器增大驾驶员的脚踏力。

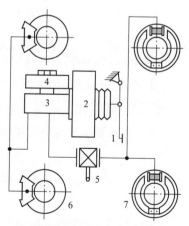

图4-1 制动系统工作原理
1-制动踏板;2-制动助力器;3-制动主缸;4-储液罐;5-制动力调节器;6-盘式制动器;7-鼓式制动器

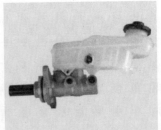

a)制动踏板　　　　　　b)真空助力器　　　　　　c)主缸

d)制动轮缸　　　　　　e)制动液制动　　　　　　f)储液罐

图4-2　制动零部件

a)盘式制动器　　　　　　　　　　　　b)鼓式制动器

图4-3　制动器

液压压力必须通过传递装置(制动管路和制动软管)借助制动液传递到车轮制动器。

制动系统通过制动摩擦片和制动盘或制动鼓之间产生的摩擦力吸收车辆的动能,使车辆减速或保持静止。

3 汽车制动力检测过程中的术语和定义

(1)汽车制动性能:汽车行驶时,能在短距离内停车且维持行驶方向的稳定和下长坡时有维持一定车速,以及保证汽车长时间停驻坡道的能力。制动性能的好坏,可通过其评价参数与检测标准的比较加以评价。

(2)制动力:驾驶员控制汽车制动后,车轮制动器起作用,由地面所提供给车轮与汽车行驶方向相反的切向作用力。汽车车速在制动力作用下迅速降低以至停车。汽车制动力的大小取决于制动器制动力和地面附着力。

(3)制动距离:汽车在规定的道路条件、规定的初始车速下紧急制动时,从脚接触制动踏板起至汽车停住时止汽车驶过的距离。它包括制动系统反应时间、制动力增长时间和最大制动力持续制动时间所行驶的距离。

(4)制动减速度:汽车制动时,汽车速度下降的快慢程度。

(5)制动时间:汽车在制动过程所经历的时间。

(6)制动稳定性:汽车在制动过程中维持直线行驶的能力或按预定弯道行驶的能力。

(7)车轮阻滞力:行车和驻车制动装置处于完全释放状态,变速器置空挡位置时,试验时,检测台驱动车轮所需的作用力。

4 汽车制动力台式检测

$$
汽车制动试验台\begin{cases}滚筒式\begin{cases}反力式滚筒制动试验台\\惯性式滚筒制动试验台\end{cases}\\平板式\end{cases}
$$

常用的反力式滚筒制动试验台是一种低速静态测力式试验台,主要检测制动力。本次任务以反力式滚筒制动试验台来进行轴重和制动力检测。

$$
反力式滚筒制动试验台结构\begin{cases}驱动装置\\滚筒装置\\测量装置\\举升装置\\指示与控制装置\end{cases}
$$

5 汽车制动性能检测标准

国家标准《机动车运行安全技术条件》(GB 7258—2012)在检验制动性能参数标准中有以下规定。

1)行车制动性能检测

汽车在制动试验台上测出的制动力应符合表4-1的要求,对空载检测制动力有质疑时,可用表中规定的满载检验制动力要求进行检测。

台式检测制动力要求　　　　　　　　表4-1

车辆类型	制动力总和与整车重量的百分比		轴制动力与轴荷的百分比	
	空载	满载	前轴	后轴
汽车、汽车列车、无轨电车和四轮农用运输车	≥60	≥50	≥60	—

制动力平衡要求在制动力增长全过程中,左右轮制动力差与该轴左右轮中制动力大者之比对前轴应≤20%,对后轴应≤24%。

制动协调时间是指在紧急制动时,从踏板开始动作至车轮制动力达到表4-1所规定的制动力的75%时所需时间。汽车单车制动协调时间应≤0.6s,汽车列车制动协调时间应≤0.8s。

车轮阻滞力是指行车和驻车制动装置处于完全释放状态,变速器置空挡位置时,试验台驱动车轮所需的作用力。汽车各车轮的阻滞力不得大于该轴轴荷的5%。

2）驻车制动性能检测

当采用制动试验台检查车辆驻车制动力时,车辆空载,乘坐一名驾驶员,使用驻车制动装置,驻车制动力的总和应不小于该车在测试状态下整车重量的20%;对总质量为整备质量1.2倍以下的汽车,此值应为15%。

二 任务实施

1 准备工作

(1)将实训车辆停放在检测区域。
(2)检查实训室通风系统设备工作是否正常。
(3)准备汽车制动力检测设备、车辆挡块、翼子板布、三件套等教学用具。
(4)制动检验台滚筒表面应清洁,没有异物及油污。
(5)检验辅助器具应齐全。
(6)气压制动的车辆,储气筒压力应能保证该车各轴制动力测试完毕时,气压仍不低于起步气压;液压制动的车辆,根据需要将踏板力计装在制动踏板上。

2 技术要求与注意事项

(1)为了防止制动时车轮容易抱死而难以测出制动器能够产生的制动力,允许在汽车上增加足够的附加质量或施加相当于附加质量的作用力,但附加质量或作用力不计入轴荷。
(2)检测制动力时,可以在非测试车轮上加三角垫块或采取牵引方法阻止车辆移动。
(3)检测制动力时,通过采取措施后,仍出现车轮抱死并在滚筒上打滑或整车随滚筒向后移出现象,而制动力仍未达到合格要求时,应改用平板试验台检测或路试检测。

3 操作步骤

(1)进行试验台准备。

图4-4 反力式滚筒制动试验台结构

①做好试验台的准备工作,滚筒表面应干燥,没有松散物质及油污,滚筒表面当量附着系数不应小于0.75。反力式滚筒制动试验台结构如图4-4所示。
②将试验台电源开关打开,并使举升器在升起位置。

(2)完成车辆准备。

①将汽车垂直于滚筒方向驶入试验台,使前轴车轮处于两滚筒之间的举升平板上。
②汽车停稳后,置变速器于空挡,如图4-5所示。行车制动、驻车制动处于完全放松状态,把脚踏开关套装在制动踏板上。

(3)进行轴重测量。
①降下举升器,至轮胎与举升器完全脱离为止,如图4-6所示。

项目二 线上检测

图4-5 变速器处于空挡

图4-6 测量装置

②带有轴重测量装置的试验台,此时测量轴重。

(4)进行制动力检测。

①起动电动机,使滚筒带动车轮转动,2s后测得车轮阻滞力。

②踩下制动踏板,测取制力增长全过程中的前轴左右轮制动力和各轮制动力的最大值,同时也测出了制动协调时间,如图4-7所示。

③升起举升器,驶出已测车轴,驶入下一车轴,按上述同样方法检测后轴车轮阻滞力、制动力、左右轮制动力差和制动协调时间。

④当与驻车制动相关的车轴在试验台上时,检测完行车制动后,应重新起动电动机,在行车制动完全放松的情况下,用力拉紧驻车制动,检测驻车制动性能。

(5)进行设备复位。所有车轴的行车和驻车制动性能检测完毕后,升起举升器,汽车驶出试验台,如图4-8所示。

图4-7 控制装置

图4-8 测量原理

三 学习拓展

1 制动试验台滚筒表面附着系数对检测结果的影响

制动试验台测量制动力是通过转动的滚筒来模拟汽车在路面上进行行驶制动的过程,因此要求制动试验台滚筒表面必须有较高的附着系数。不同厂家的制动试验台滚筒表面的附着系数不尽相同,即使是同一制动试验台新旧滚筒的附着系数也不同,不同的附着系数直接影响制动试验台的检测效果;附着系数越大,制动试验台测力能力也越大,测出的制动力效果也越好。按有关标准规定,附着系数不得低于 0.75,现国内制造的制动试验台大部分为钢质滚筒,表面粘有熔烧铝矾土砂粒,附着系数多为 0.8~0.9 之间,滚筒材质要求不高,工艺简单,经济性好,受气温和湿度的影响小,对轮胎磨损小。

另外,水平推力 F 与非测试轮的制动性能和非测试轮与地面的附着系数有关,非测试轮的制动性能越好、地面的附着系数越高,则水平推力 F 越大。不同检测站由于地面处理方式的不同,使得地面的附着系数大小不相同,因此即使非测试车轮的制动力一样,对被检车轮的检测结果影响也不同。

❷ 轮胎技术状况对检测结果的影响

车轮滚动时,轮胎与滚筒之间的接触区域产生法向、切向的相互作用力以及相应的轮胎和支承面的相对刚度确定了变形的特点。当弹性轮胎在硬质钢制滚筒上滚动时,轮胎变形是主要的,此时由于轮胎内部摩擦产生弹性迟滞损失,是轮胎变形时对它做的功不能全部收回,此能量消耗在轮胎各组成部分间摩擦及橡胶、帘线等物质的分子间的摩擦,最后转化热能而消失在大气中。轮胎表面的磨损对附着系数的影响比较明显,轮胎表面磨损的不一致,会导致左右车轮的附着系数和半径的差异,影响左右车轮的制动力平衡。轮胎气压对滚动阻力系数影响很大,轮胎的充气压力过高会降低轮胎表面的附着系数,同时由于车轮直径增大了,制动力会相对减少。气压低时在硬质滚筒上轮胎变形大,滚动时迟滞损失增加,增大了阻滞力(过大时,使阻滞力不合格)。特别是承受较大载荷时,左右轮胎气压不一致带来的问题和轮胎表面磨损程度相似。

❸ 踏板力和制动气压对制动性能检测结果的影响

制动试验台是为了检测汽车制动器的制动力,对于液压制动系统,汽车制动器制动力的大小取决于制动踏板力,当用力踩住制动踏板时,可能取得最大的制动器制动力。对于气压制动,汽车制动器制动力的大小取决于制动气压。在进行制动性能检验时,为使检验结果有可比性,要按《机动车运行安全技术条件》(GB 7258—2012)对制动踏板力或制动气压的规定执行。因此,必须测取检测过程中的踏板力或制动气压作为判定检测结果是否有效的依据之一,如果在判定结果时不能提供踏板力或制动气压这两个必要参数,则制动力检测结果也就没什么意义。

❹ 制动检测过程中操作不当对检测结果的影响

在制动试验台上进行制动力检测,被测车辆的车轮抱死,会被滚筒带动移出试验台,使制动力不能被充分检测出来,造成测出的制动力偏小,合格率降低。对小轿车来说,车身质量较轻,由于驾驶员坐在左边位置上,使左右轮质量分布发生变化,也会对制动力检测结果产生影响。另外检测汽车前轴制动力时转动转向盘、检测后轴制动力时车身在滚筒上摆得不正,都会改变车轮制动力的大小和分配,使检测结果产生误差。

❺ 检测信号的调理对检测结果的影响

检测信号调理的任务是将传感器测出的电信号转换成单片机或 A/D 转换器输入要

求的电平信号。测量系统中信号调理的任务除了信号放大、滤波外,还有诸如零点校正、线性化处理、温度补偿、误差修正、量程切换等信号调理电路。在检测系统中,传感器的输出信号一般较弱,工作环境往往比较恶劣,在传感器的两端会产生较大的干扰信号。因此,信号处理电路的好坏决定了检测结果的准确性。信号处理电路的基本要求是:要有很高的抗干扰能力,温漂系数要小,放大信号稳定。否则信号易失真,使检测结果准确度下降。

⑥ 制动力最大值的判定方法对检测结果的影响

由于微电子技术的巨大进步,目前我国国内的制动试验台已普遍采用计算机控制技术进行制动力的采集和处理。目前判断制动力最大值的方法基本有两种:一种是连续采集制动全过程的数据,待制动曲线上升到平缓区段时判断曲线"拐点"的位置,以此作为制动力最大点;另一种是以测量滑移率,即测量车轮的线速度,当线速度下降到制动前的滚筒线速度的85%～70%,也就是滑移率达到15%～30%时,将该点作为制动力最大值点。

根据汽车理论,附着系数是随滑移率而变化的。在滑移率为20%左右时,附着系数值最大。前一种"拐点"判断方法得到的实际上是"静态制动力",而不是最大制动力。因此,采用测量滑移率的方法判断最大制动力的方法较好。

目前汽车综合性能检测站采用的制动试验台是在两个滚筒之间安装着第三滚筒,第三滚筒与车轮表面线速度相等。在制动力检测过程中,当车轮与大滚筒的滑移率达到20%时,检测控制系统就通过显示屏提示引车员立即开始车轮制动,同时控制装置就关闭驱动滚筒旋转的电动机,这样就可能测出最大制动力,并避免车轮与大滚筒之间滑移时间过长,减少轮胎的磨损。如果关机时间过早,将不能测得最大制动力,使测出来的制动力偏小。

⑦ 信号的采样频率对检测结果的影响

在制动力的数据采集过程中,采集点的疏密(采样速率)有时也会影响制动力最大值的正确判定。采集点过密不利于有效地滤去外界的干扰信号,让干扰信号叠加在制动力信号上,在波形曲线上形成"毛刺",会使所判断的最大制动力产生偏差。采集过疏,无法反映制动过程的全貌,容易造成制动力最大值的缺失,所判断的最大制动力将偏小。因此必须选用较合理的采样频率来保证制动力检测结果的正确性。根据我们的检测实践经验,程序通过检测制动器传感器控制采样开始时间,采样频率为100Hz;在非保护停机状态下,采样时间应不少于3s;这样最大制动力就在制动检测过程中所采集到的全部采样点中并被甄别、显示。

四 评价与反馈

❶ 自我评价

(1)通过本学习任务的学习你是否已经知道以下问题:
①汽车制动性能不良会出现什么严重后果?_____。

②在汽车制动性能检测中应注意哪些问题？_____。

（2）在汽车制动性能检测操作过程中用到了哪些设备？
_____。

（3）实训过程完成情况如何？
_____。

（4）通过本学习任务的学习，你认为自己的知识和技能还有哪些欠缺？
_____。

签名：_____　　　_____年____月____日

❷ 小组评价（表4-2）

小组评价表　　　　　　　　　　　　　　　　　　表4-2

序号	评价项目	评价情况
1	着装是否符合要求	
2	是否能合理规范地使用仪器和设备	
3	是否按照安全和规范的流程操作	
4	是否遵守学习、实训场地的规章制度	
5	是否能保持学习、实训场地整洁	
6	团结协作情况	

参与评价的同学签名：_____　　　_____年____月____日

❸ 教师评价

_____
_____。

教师签名：_____　　　_____年____月____日

五 技能考核标准

考核的方式建议用每个人独立完成学习领域中的实训任务，培养学生独立自主完成任务的能力。实训任务综合性较强，可以根据学生完成实训任务的情况评价整个学习领域的学习效果。表4-3为技能考核标准。

技能考核标准表　　　　　　　　　　　　　　　　表4-3

序号	项目	操作内容	规定分	评分标准	得分
1	汽车制动力检测流程	记录车辆铭牌信息	5分	记录信息是否全面，缺少一个必要信息，此项不得分	
2		初始化设备	10分	正确初始化设备，否则此项不得分	
3		测量轴重	10分	正确测量并记录轴重得分，记录错误此项不得分	
4		起动电动机，测量车轮阻滞力	10分	正确测量车轮阻滞力并记录正确得分，记录错误不得分	

续上表

序号	项目	操作内容	规定分	评分标准	得分
5	汽车制动力检测流程	踩下制动踏板,测取制力增长全过程中的前轴左右轮制动力和各轮制动力的最大值,同时也测出了制动协调时间	20分	正确测量相应参数,错误一个扣10分,扣完为止	
6		升起举升器,驶出已测车轴,驶入下一车轴,按上述同样方法检测后轴车轮阻滞力、制动力、左右轮制动力差和制动协调时间	20分	正确测量相应参数,错误一个扣10分,扣完为止	
7		检测驻车制动性能	20分	检测过程规范并记录正确得分,否则此项不得分	
8		复位	5分	一项未复位扣2分,扣完为止	
	总分		100分		

学习任务5　车辆转速表校验

学习目标

★ **知识目标**

1.掌握车辆转速表校验的理论知识;

2.掌握车辆转速表校验的国家标准。

★ **技能目标**

1.能完成车辆转速表校验的操作流程;

2.能完成车辆转速表校验结果的分析和诊断。

建议课时

4课时。

任务描述

小明同学的爸爸在某公司开车,在上周收到了交警罚单,原因是超速行驶。这让小明同学的爸爸百思不得其解,因为他开车一直把车速控制在规定范围内。后来他去4S店询问了师傅,经检测发现是由于车速表失准引起的。

一 理论知识准备

(一)汽车检测站实际工作情况描述

车速表检测台的检测,根据汽车前、后轴驱动方式的不同,引车员应正确地加以区分,正确地进行检测,确保安全检测。

❶ 后轴驱动车辆的检测

引车员根据点阵屏提示,驾驶汽车沿地面车道线、垂直于车速台滚筒、平缓地低速将汽车后轮驶上车速台。

车辆到位正确后,引车员轻踩制动踏板、等待举升器下降;在举升器下降过程中松开制动踏板,让轮胎自然地落在车速台两只滚筒之间,然后确认举升器顶板与车轮脱离后,方可开始缓慢加速。引车员如感到车轮与举升器没有脱离,应停止加速,通知该工位的操作员进行处理。

引车员在缓慢加速时,应观察汽车后部是否向检测设备的一侧滑移,如滑移严重、轮胎与车速表检测台挡轮挤压严重时,应立即停止加速,查明原因后,再决定是否检测,以免损坏车辆及设备。

如在缓慢加速中,汽车后轮没有侧滑,引车员可逐步加速到汽车车速表显示40km/h时,稍收回加速踏板将车速保持在40km/h左右,根据设备的控制方式不同、按下报速开关或保持若干时间,来获得汽车车速表显示40km/h时,车速表检测台或计算机检测到的指示值。

❷ 前轴驱动车辆的检测

引车员在得到车速表检测台操作员或联网计算机的指示后,将汽车沿地面车道线,平稳地低速驶上车速台,尽可能使车辆与滚筒保持垂直。

车辆到位正确后,轻踩住制动踏板,等待举升器下降;在举升器下降过程中松开制动踏板,让前轮都自然地落在车速表检测台的两只滚筒之间,引车员在加速前拉紧作用于后轮的手制动,车速表检测台的操作员(或安全检测车间的检测员)应在汽车两个后轮的前方垫上三角木。

引车员然后缓慢加速、注意观察在缓慢加速的过程中,汽车前部是否摆动滑移,如发现汽车前部有滑移摆动时,应及时小幅度修正方向并稳住控制方向,使汽车保持直驶状态。

如发现在缓慢加速过程中无法控制方向时,应立即放弃检测,停止加速,轻踩制动踏板,稳住转向盘,减速停车,防止车辆发生侧向滑移,撞向车速表检测台的一侧,损坏车辆、设备与人员。(车架、车轴变形、前轮定位失准的前驱动车辆在车速表检测中易发生失控现象,必须引起引车员和该工位检测员的高度重视)。

如在缓慢加速过程中没有发生侧向滑移,引车员可继续平稳地加速,逐步加速到汽车车速表显示40km/h时,稍收回加速踏板将车速保持在40km/h左右,按下报速开关或保持若干时间,来获得汽车车速表显示40km/h时,车速表检测台或联网计算机所检测到的显示值(如计算机联网时由计算机获取数据)。

检测完毕后,引车员应轻踩制动踏板,让车轮慢慢减速,等车轮与滚筒停止旋转,举升器上升后,引车员方可将汽车驶离车速表检验台,进入下一检测项目。

(二)车速表检测标准

❶ 设备计量检定

依据《滚筒式车速表检测台检定规程》(JJG 909—2009)执行。

计量性能要求:

(1)滚筒外径允许误差:±0.5%。

(2)零值误差:±0.5km/h。

(3)零点漂移:15min内的零点漂移±0.5km/h。

(4)示值误差:±3.0%。

❷ 车辆检测标准

国家强制性标准《机动车运行安全技术条件》(GB 7258—2012)中规定:车速表指示车速v_1与实际车速v_2之间符合下列关系式:

$$0 \leqslant v_1 - v_2 \leqslant (v_2/10) + 4$$

将被测机动车的车轮驶上车速表检验台的滚筒上使之旋转,当该机动车车速表的指示值(v_1)为40km/h时,车速表检验台速度指示仪表的指示值(v_2)为32.8~40km/h范围内为合格。

二 任务实施

❶ 准备工作

(1)将实训车辆停放在检测区域。

(2)检查实训室通风系统设备工作是否正常。

(3)转速表检测台、车辆挡块、翼子板布、三件套等教学用具。

❷ 技术要求与注意事项

(1)应观察汽车上的车速表是否完好,加速时应察看车速表指针是否会移动、移动时是否正常,如不正常或不会移动就不必加速。

(2)在加速到40km/h时,应及时按下报速开关使检测员或联网的计算机能及时采集正确的数据。

(3)在加速中发现轮胎与车速表检测台的轮挡挤压时、应停止加速以免损坏轮胎与检测设备。

(4)检测前轮车速表时,必须拉紧作用于后轮的手制动,这样可以防止和减少前轮侧向滑移的发生。

(5)在滚筒处于静止状态检查指示仪表是否在零点上,否则应调零。

(6)检查滚筒上是否沾有油、水、泥、砂等杂物,应清除干净。

(7)检查举升器的升降动作是否自如。若动作阻滞或有漏气部位,应予以修理。

(8)检查导线的连接接触情况,若有接触不良或断路,应予修理或更换。

(9)保证被测车辆轮胎气压在标准值。

(10)清除被测车辆轮胎上的水、油和泥等异物。

3 操作步骤

1)车辆进入检测工位

(1)接通试验台电源。

(2)升起滚筒间的举升器。

(3)将被检车辆开上试验台,使输出车速信号的车轮尽可能与滚筒成垂直状态地停放在试验台上,如图5-1所示。

2)车辆检测准备工作

(1)降下滚筒间的举升器,至轮胎与举升器托板完全脱离为止,如图5-2所示。

图5-1 车轮检测位置

图5-2 降下举升机

(2)用车轮挡块抵住位于试验台滚筒之外的一对车轮,防止汽车在测试时滑出试验台。

3)车辆检测

(1)待汽车的驱动轮在滚筒上稳定后,挂入最高挡,松开驻车制动器,踩下加速踏板使驱动轮带动滚筒平稳地加速运转。

(2)当汽车车速表的指示值达到规定检测车速(40km/h)时,读出试验台速度指示仪表的指示值;或当试验台速度指示仪表的指示值达到检测车速时,读取车速表的指示值,如图5-3所示。

4)车辆检测后安全驶出检测工位

(1)测试结束后,轻轻踩下汽车制动踏板,使滚筒停止转动。对于驱动型试验台,必须先关断电动机电源,再踩制动踏板。

(2)升起举升器,去掉挡块,汽车驶离试验台,如图5-4所示。

项目二 线上检测

图 5-3 车速显示　　　　　　　　图 5-4 检测车速完成显示

三　知识拓展

1　车速表诊断参数误差分析

车速表经检测出现误差,其主要原因是长期使用过程中车速表本身出现了故障、损坏和轮胎磨损。

车速表内有转动的活动盘、转轴、轴承、齿轮、游丝等零件和磁性元件,这些构件在工作过程中产生的磨损和性能变化会造成车速表的指示误差。对于产生磨损的应予以更换。磁力式车速表的磁铁磁力退化,也会引起指针指示值失准,应更换磁铁进行修复。

汽车轮胎在使用过程中由于磨损,其半径逐渐减小。在变速器输出轴转速不变的条件下,汽车行驶速度因轮胎半径的变化而变化,而车速表的软轴是与变速器输出轴相连的,因此车速表指示值与实际车速形成误差。

为消除车速表机件磨损和轮胎磨损形成的指示误差,应借助于车速表试验台适时地对车速表进行检验。

2　存在问题及应对策略

对于四轮全时驱动车辆、具防滑功能车辆无法测试。交通综合性能检测此类车很少,主要是安全检测。

应对策略:

(1)设备测量:具防滑功能车辆需用反拖电动机拖动测量或给车速台加载阻力。对于四轮全时驱动车辆,测量设备需用前后车轮轴距可调的双速度台结构。

(2)《机动车安全技术检验项目与方法》(GB 21861—2008):将此项目作为建议维护项,且对于无法在设备上检测的车辆不要求检测。另外注意,后双桥驱动车辆检测应加自由滚筒。

3　车速台保养

(1)对台架表面不应用腐蚀性液体擦拭,经常保持清洁。

(2)每周对水过滤器进行放水,并检查油雾器油面,如需要,则加注机油。

注意应调整气泵压力不得超过0.8MPa。

(3) 每月检查各轴承座及其他关键部位螺栓是否松动并拧紧。

(4) 每季度对滚筒支撑轴承进行润滑。

(5) 每年对速度台底部及传感器处进行清洁处理。

机动车上线检验前,应对检测设备/仪器进行检查,保证其工作正常。

四 评价与反馈

❶ 自我评价

(1) 通过本学习任务的学习你是否已经知道以下问题:

① 车辆转速表测量时应注意哪些问题?＿＿＿＿＿＿＿＿＿＿＿＿＿＿＿＿＿＿＿。

② 记录车辆转速表数据时应注意哪些问题?＿＿＿＿＿＿＿＿＿＿＿＿＿＿＿＿。

(2) 在车辆转速表检测过程中要使用哪些设备仪器?

＿＿＿＿＿＿＿＿＿＿＿＿＿＿＿＿＿＿＿＿＿＿＿＿＿＿＿＿＿＿＿＿＿＿＿＿。

(3) 实训过程完成情况如何?

＿＿＿＿＿＿＿＿＿＿＿＿＿＿＿＿＿＿＿＿＿＿＿＿＿＿＿＿＿＿＿＿＿＿＿＿。

(4) 通过本学习任务的学习,你认为自己的知识和技能还有哪些欠缺?

＿＿＿＿＿＿＿＿＿＿＿＿＿＿＿＿＿＿＿＿＿＿＿＿＿＿＿＿＿＿＿＿＿＿＿＿。

签名:＿＿＿＿＿＿＿＿　＿＿＿＿年＿＿＿月＿＿＿日

❷ 小组评价(表5-1)

小组评价表　　　　　　　　　　　　　　　表5-1

序号	评价项目	评价情况
1	着装是否符合要求	
2	是否能合理规范地使用仪器和设备	
3	是否按照安全和规范的流程操作	
4	是否遵守学习、实训场地的规章制度	
5	是否能保持学习、实训场地整洁	
6	团结协作情况	

参与评价的同学签名:＿＿＿＿＿＿＿＿＿＿＿＿＿　＿＿＿＿年＿＿＿月＿＿＿日

❸ 教师评价

＿＿＿＿＿＿＿＿＿＿＿＿＿＿＿＿＿＿＿＿＿＿＿＿＿＿＿＿＿＿＿＿＿＿＿＿

＿＿＿＿＿＿＿＿＿＿＿＿＿＿＿＿＿＿＿＿＿＿＿＿＿＿＿＿＿＿＿＿＿＿＿＿。

教师签名:＿＿＿＿＿＿＿＿　＿＿＿＿年＿＿＿月＿＿＿日

五 技能考核标准表

考核的方式建议用每个人独立完成学习领域中的实训任务,培养学生独立自主完成任务的能力。实训任务综合性较强,可以根据学生完成实训任务的情况评价整个学习领域的学习效果。表5-2为技能考核标准。

技能考核标准表 表5-2

序号	项目	操作内容	规定分	评分标准	得分
1	汽车转速表检测流程	记录车辆铭牌信息	5分	记录信息是否全面,缺少一个必要信息,此项不得分	
2		设备开始前检查	10分	未在检测前检查设备,此项不得分	
3		车辆可靠停驻	10分	车辆的挡位检查、车轮与设备位置检查是否到位,一项没做此项不得分	
4		举升器操作	10分	举升器可靠分离,操作要求达标,否则不得分	
5		车辆检测前准备	20分	检查驻车制动是否松开、挡位是否符合试验台要求,否则此项不得分	
6		检测车辆转速表	20分	正确测量相应参数,记录错误此项不得分	
7		退出检测台	20分	车辆退出要符合试验台要求,否则此项不得分	
8		复位	5分	一项未复位扣2分,扣完为止	
	总分		100分		

学习任务6 车辆前照灯检测

学习目标

知识目标

1. 掌握前照灯检测的理论知识;
2. 掌握前照灯检测的国家检测标准。

技能目标

1. 能完成前照灯的光照强度检测;
2. 能完成前照灯的照射位置检测与调整;
3. 能完成前照灯照射位置失准的分析和诊断。

建议课时

4课时。

任务描述

小李同学的爸爸是运输公司的一名员工,最近他夜间行车时感觉自己车辆前照灯位置偏高,无法看清路面。我们就来学习一下汽车前照灯的检测和校正,帮帮小李同学的爸爸看看他的车前照灯出了什么问题。

一 理论知识准备

(一)汽车检测站实际工作情况描述

前照灯检测仪的检测距离,汽车前照灯距前照灯检测仪的仪器光接受箱正面3m。全自动联网时,检测站以红外线光电开关的断通来控制检测距离的。

引车员在检测时,应将汽车尽可能与导轨保持垂直方向驶到检测位置。如汽车有四盏前照灯时,该工位的检测员一定要把辅助照明灯遮住后进行检测。汽车驾驶室内保留一名驾驶员的状态下进行检测;不允许在汽车上乘坐其他人员。

引车员在到位后,应根据工位计算机的提示,及时打开前照灯开关并确认为前照灯远光;并应起动汽车的发动机,使汽车的电源系统处于充电状态。

引车员在检测中发现前照灯检测仪工作不正常,检测中死机、设备出不来、回不去、灯光数据测不出、检测数据传输不出等等,都应及时报告该工位检测员或总检进行处理。

引车员在检测完毕后,要根据该工位计算机的指示进行操作。车辆在驶离灯光检测岗位时,应注意前照灯检测仪是否返回原停止位;不要在前照灯检测仪还没有回到原停止位置时,将车辆匆忙驶离检测位置,以免碰到、刮倒前照灯检测仪。

(二)前照灯的简介

1 汽车照明及信号装置的必要性

为了保证汽车在夜间或白天能见度较低的条件下的行驶安全,需要在汽车有关部位安装多种照明及信号装置。这些装置的具体功用是:第一,在夜间或能见度较低的情况下,用灯光给行驶车辆照明道路;第二,夜间行车时,车厢、驾驶室及仪表照明;第三,用发出的标志和信号达到联络、警示,以保证行车安全。现代汽车照明及信号装置主要包括:前照灯、前位灯、后位灯、示廓灯、牌照灯、仪表灯、转向信号灯、倒车灯、危险报警闪光灯、制动灯、前雾灯、后雾灯以及挂车标志灯等。

2 汽车前照灯检测结果的分析与故障诊断

(1)前照灯发光强度偏低:在前照灯照射位置正确的前提下,应检查反光镜的光泽是否明亮;灯泡是否老化;蓄电池到灯座的导线电压降是否过大;是否存在搭铁不良等原因。

(2)前照灯光束照射位置偏斜:可在前照灯检测仪上通过前照灯上的调整装置进行调整。

(3)劣质前照灯的问题:没有光形;前照灯近光亮区暗;前照灯近光暗区漏光;前照灯远光亮区暗。原因:配光镜和反光镜的角度、弧线以及它们之间的相互配合存在设计问题;配光镜材质问题,对光的吸收率高;反光罩加工粗糙,材料低劣,造成反光率差。

3 汽车前照灯检测过程中的术语和定义

发光强度简称光强,国际单位是 candela(坎德拉)简写 cd,其他单位有烛光,支光。1cd 即 1000mcd 是指单色光源(频率 540×10^{12}Hz)的光,在给定方向上的单位立体角内发出的光通量。

(三)与汽车前照灯检测相关的国家标准

《机动车运行安全技术条件》(GB 7258—2012)在汽车前照灯检测的适用范围如下。

(1)机动车装备的前照灯应有远、近光变换功能:当远光变为近光时,所有远光应同时熄灭。同一辆机动车上的前照灯不得左、右的远、近光灯交叉开亮。

(2)所有前照灯的近光均不应眩目。

(3)机动车前照灯光束照射位置在正常使用条件下应保持稳定。

(4)机动车每只前照灯的远光光束发光强度应达到表6-1的要求,同时打开所有前照灯(远光)时,其总的远光光束发光强度应符合 GB 4785 的规定。测试时,电源系统应处于充电状态。

前照灯远光光束发光强度要求(单位:cd) 表 6-1

机动车类型		检查项目					
		新注册车			在用车		
		一灯制	二灯制	四灯制	一灯制	二灯制	四灯制
三轮车		8000	6000	—	6000	5000	—
最大设计车速小于70km/h 的汽车		—	10000	8000	—	8000	6000
其他汽车		—	18000	15000	—	15000	12000
普通摩托车		10000	8000	—	8000	6000	—
轻便摩托车		4000	3000	—	3000	2500	—
拖拉机运输机组	标定功率>18kW	—	8000	—	—	6000	—
	标定功率≤18kW	6000	6000	—	5000	5000	—
·四灯制是指前照灯具有四个远光光束,采用四灯制的机动车其中两只对称的灯达到要求视为合格							
·允许手扶拖拉机运输机组只装用一只前照灯							

《机动车运行安全技术条件》(GB 7258—2012)规定,光束照射位置要求如下:

检验前照灯近光光束照射位置时,前照灯照射在距离 10m 的屏幕上,乘用车前照灯近光光束明暗截止线转角或中点的高度应为 $0.7 \sim 0.9H$(H 为前照灯基准中心高度),其他机动车(拖拉机运输机组除外)应为 $0.6 \sim 0.8H$。机动车(装用一只前照灯的机动车除外)前照灯近光光束水平方向位置向左偏应小于等于 170mm,向右偏应小于等于 350mm。

轮式拖拉机运输机组装用的前照灯近光光束的照射位置,按照上述方法检验时,要求在屏幕上光束中点的离地高度应小于等于 $0.7H$;水平位置要求,向右偏移应小于等于 350mm,不得向左偏移。

检验前照灯远光照射位置时,对于能单独调整远光光束的前照灯,前照灯照射在距离 10m 的屏幕上时,要求在屏幕光束中心离地高度,对乘用车为 $0.85\sim0.95H$(不得低于前照灯近光光束明暗截止线转角或中点的高度),对其他机动车为 $0.8\sim0.95H$;机动车(装用一只前照灯的机动车除外)前照灯远光光束水平位置要求,左灯向左偏应小于等于 170m,向右偏应小于等于 350mm,右灯向左或向右偏均应小于等于 350mm。

二 任务实施

1 准备工作

(1)将实训车辆停放在检测区域。
(2)检查实训室通风系统设备工作是否正常。
(3)前照灯检测仪器、车辆挡块、翼子板布、三件套等教学用具。

2 技术要求与注意事项

(1)车辆正直居中行驶,在前照灯离检测灯箱 1m(或根据说明书要求的距离)处停车。
(2)车辆发动机处于怠速状态,置变速器于空挡,电源处于充电状态,开启前照灯远光。
(3)启动前照灯检测仪开始测量,不同型号的检测仪操作方法不同,请按说明书要求操作。
(4)在并列的前照灯(四灯制)进行检测时,应将与受检灯相邻的灯遮蔽。
(5)检测完毕,前照灯检测仪归位,车辆驶离。
(6)务必确保车灯的清洁和干燥,如果车辆在车内部安装有车灯调节器,请将其调至"0"位置。
(7)清除掉车辆校准的所有障碍物:泥土、雪、冰等等。将车轮调正并确保底盘没有变形。
(8)确保轮胎压力正常。起动发动机进行测试。
(9)如果车辆的悬架为空气悬架,则在开始工作前起动发动机并运行约 5min,然后在发动机运转的情况下继续作业。
(10)停车位置要准确,车身纵向中心线要垂直于前照灯受光面,否则主要会影响光束左右偏测量的准确性。
(11)初检与复检时尽量由同一检验员引车操作,驾驶员体重的变化会对光束上下偏测量的准确性和重复性造成影响,尤其对微型车影响较大。
(12)前照灯检测仪正在移动或将要移动时,严禁车辆通过。
(13)检测完毕后车辆要及时驶离,车身不得长时间挡住通道。

3 操作步骤

(1)与客户交流,记录车辆信息和建立联系,图 6-1 为车辆信息。准确记录车辆信息对于汽车检测与维修有重要意义。
(2)确认地面是否处于水平。在车灯测试过程中,地面必须保持水平。图 6-2 为车辆倾斜度示意图。

项目二 线上检测

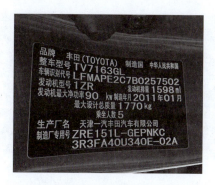

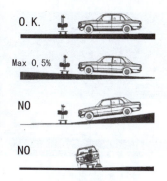

图 6-1　车辆信息　　　　　图 6-2　车辆倾斜度

（3）定位前照灯检测仪位置。

将检测仪放置在车辆的右车灯前至少 20cm 的距离，在车灯中间处从地面进行高度测量，然后根据柱子上的指数标度对光学箱进行调节。图 6-3 为调整前照灯检测仪位置。

通过目视内部水平面来保证光学箱处于水平的位置。

如果光学箱没有放于水平位置，请松开操作杆，并对光学箱进行适当调节。

（4）使用前照灯检测仪进行测量。

①工具开启状态下，如果显示电池没电信息，请将电池充电器与光学箱尾部的插座进行连接，至少应充电 12h。在电池测试仪开启时可以进行测试。

②读取车灯上部生产商标出的倾角，如 1.2%，在光学箱尾部相应地转动滚花轮。图 6-4 为调整位置。如果生产商没有给出任何说明，请遵循有关规定。

图 6-3　前照灯检测仪位置　　　　　图 6-4　前照灯检测仪调整位置

③车灯倾斜角度必须符合离地面 80cm 时近光灯的倾角至少为 1% 的规定。对于超出 80cm 的近光灯，倾角至少要达到 1.5%。

（5）进行近光灯校准。

检查控制面板，确定车灯投射是否与丝印线对齐，并按 ENTER 键。图 6-5 为近光检测点。

（6）进行远光灯校准。

根据显示器信息，检查控制面板，确定车灯投射是否与接近外圈黑点对齐，并按 ENTER 键。图 6-6 为远光检测点。

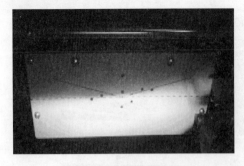
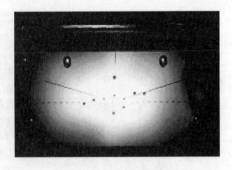

图 6-5　近光检测点　　　　　　　　　图 6-6　远光检测点

(7) 检查车辆左侧，重复以上检查步骤。

在结束时，灯光检测仪会把数据发送到 PC 中。

警告：在定位到左侧车灯后，再次通过瞄准屏检查对准情况。

三　学习拓展

前照灯检验不合格有三种情况。

❶ 左右前照灯发光强度均偏低

(1) 检查前照灯反光镜的光泽是否明亮，如昏暗或镀层剥落或发黑应予更换。

(2) 检查灯泡是否老化，质量是否符合要求，如老化或质量不符合要求，光度偏低者应更换。

(3) 检查蓄电池电压是否偏低，如电压偏低，应先充足电再检测。仅靠蓄电池供电，前照灯发光强度一般很难达到标准的规定，检测时发电机应供电。

❷ 左右前照灯发光强度不一致

检查发光强度偏低的前照灯的反射镜光泽是否灰暗，灯泡是否老化，质量是否符合要求，一般多为搭铁线路接触不良。

❸ 前照灯光束照射位置偏斜

前照灯安装位置不当或因强烈振动而错位致使光束照射位置偏斜，应予以调整。前照灯光束照射位置偏斜的调整可在前照灯检测仪上进行。

根据检测标准，在检测调整光束照射位置时，对远、近双光束灯以检测调整近光光束为主。如果制造质量合格的灯泡，近光调整合格后，远光光束一般也能合格；若近光光束调整合格后，经复核远光光束照射方向不合格，则应更换灯泡。

四　评价与反馈

❶ 自我评价

(1) 通过本学习任务的学习你是否已经知道以下问题：

①如何运用屏幕法检测前照灯的位置？＿＿＿＿＿＿＿＿＿＿＿＿＿＿＿

②如何运用灯光检测仪检测前照灯的位置？_____

(2)前照灯照射强度检测操作过程中用到了哪些设备？

_____。

(3)实训过程完成情况如何？

_____。

(4)通过本学习任务的学习,你认为自己的知识和技能还有哪些欠缺？

_____。

签名：_____　　　_____年___月___日

❷ 小组评价(表6-2)

小组评价表　　　　　　　　　　　　　　　　　　表6-2

序号	评价项目	评价情况
1	着装是否符合要求	
2	是否能合理规范地使用仪器和设备	
3	是否按照安全和规范的流程操作	
4	是否遵守学习、实训场地的规章制度	
5	是否能保持学习、实训场地整洁	
6	团结协作情况	

参与评价的同学签名：_____　　_____年___月___日

❸ 教师评价

_____

_____。

教师签名：_____　　　_____年___月___日

五 技能考核标准

考核的方式建议用每个人独立完成学习领域中的实训任务,培养学生独立自主完成任务的能力。实训任务综合性较强,可以根据学生完成实训任务的情况评价整个学习领域的学习效果。表6-3为技能考核标准。

技能考核标准表　　　　　　　　　　　　　　　　表6-3

序号	项目	操作内容	规定分	评分标准	得分
1	屏幕法检测前照灯光照强度和位置	记录车辆铭牌信息	10分	记录信息是否全面,缺少一个必要信息,此项不得分	
2		确认车辆前照灯外观是否损坏	10分	是否有检查动作,并给出正确结论,否则此项不得分	
3		确认车辆蓄电池电量	10分	万用表选择正确,并给出正确结论,否则此项不得分	
4		将检测屏幕放到指定位置	10分	正确操作并调到正确界面,否则此项不得分	

续上表

序号	项目	操作内容	规定分	评分标准	得分
5	屏幕法检测前照灯光照强度和位置	检查前照灯外观	10分	检查前照灯外观,并作出判断,否则此项不得分	
6		检测前照灯照射位置	10分	正确检测前照灯位置并记录,否则此项不得分	
7		检测前照灯照射强度	10分	正确检测前照灯强度并记录,否则此项不得分	
8		前照灯照射位置调整	10分	检测后将前照灯调到正确位置,否则此项不得分	
9		确认前照灯照射强度	10分	正确判断检测结果,否则此项不得分	
10		工位复位	10分	一项未复位扣2分,扣完为止	
		总分	100分		

学习任务7　车辆噪声检测

学习目标

知识目标

1. 汽车噪声的产生及影响;
2. 掌握汽车噪声检测的基本要求;
3. 清楚相关国家检测标准的要求。

技能目标

能完成汽车噪声的检测流程。

建议课时

4课时。

 任务描述

小张同学家一辆轿车在使用一段时间后,发现驾驶室里噪声增大,对车外环境隔音效果较差,此时需要进行汽车噪声的检测。

一 理论知识准备

(一)汽车检测站实际工作情况描述

(1)检测站使用的声级计,要求安装在距车前2m,离地面高度1.2m处进行检测。

(2)引车员应根据工位计算机的指示,及时进行操作,以免贻误检测时机,影响检测数据的准确性。

(3)引车员在检测前,应确认喇叭按钮的位置,试按是否会响,如遇汽车喇叭不响,不准以踩发动机加速踏板、鸣气喇叭的方式来代替喇叭声级的检测。

(4)如同一检测车间有一个喇叭声级的检测点以上,检测员应避免两辆车同时按喇叭,造成检测环境相互影响、检测结果失准。

(二)汽车噪声的理论知识

车内的噪声主要是由发动机等机械构件噪声(发动机噪声)、轮胎与地面的摩擦声(路噪)、汽车冲破空气产生的碰撞及摩擦声(风噪)、外环境传入车内的声音、驾驶舱内饰板等部件发生振动产生的内部噪声等组成。车内的噪声主要是低频噪声,穿透力强,在声学隔音技术中是较难处理的部分,通过实验发现处理内部噪声最有效的方式就是在吸音板上加载吸音槽,来缓冲并吸收噪声能量,达到吸音降噪效果。

我国城市的环境噪声主要来自交通噪声,而交通噪声又主要来自汽车噪声。汽车鸣笛是交通噪声的主要来源,城市公交大客车和大货车的行驶噪声是仅次于鸣笛噪声的第二大交通噪声源。轮胎与路面相互作用产生的噪声也是道路交通的噪声源之一。轮胎与路面洞穴的充气作用是当轮胎上的花纹与路面接触时,花纹中的空气被挤出来,形成了局部不稳定的空气体积流,当轮胎通过或压挤路面的洞穴时,空气便从洞穴中挤出。最后当轮胎离开接触面时,空气又迅速地填充到这些洞穴中,这样的空气体积流的再次爆炸从而向外发出噪声。

1 车内噪声的分类

(1)发动机噪声。

车辆发动机是噪声的一个来源,它的噪声产生是随着发动机转速的不同而不同。废气在4~7bar压力的作用下快速流出汽缸。压力波会产生强有力的声波,必须在排气装置内进行声波减振。发动机运转的噪声与振动由前围板传入驾驶室。

发动机噪声主要由前叶子板、发动机舱、挡火墙、排气管产生和传递。

(2)路噪。

路噪是车辆在高速行驶时产生的,主要有三方面,风切入形成噪声,如果车底板隔音材质不佳或者整车钣金工艺和使用铁皮厚度不够,容易将路面噪声传送到车内;行驶带动底盘振动产生噪声,如果悬架系统组装不佳、松脱,或配件老化故障,会增加车内噪声;行驶路面沙石冲击车底盘产生的噪声。

路噪主要通过:四车门、前围板、行李舱、前翼子板、前轮弧产生和传递。

(3)胎噪。

胎噪是车辆在高速行驶时,轮胎与路面摩擦所产生,由轮拱传入车内;路况越差振动越大胎噪越大,柏油路面与混凝土路面所产生的胎噪差别较大。

胎噪主要通过:四车门、行李舱、前翼子板、前轮弧产生和传递。

(4)风噪。

风噪是指汽车在高速行驶的过程中,风的压力超过车门的密封阻力进入车内产生噪声,行驶速度越快,风噪越大。

风噪主要通过:四门密封间隙、包括整体薄钢板产生和传递。

(5)共鸣噪。

车体本身是一个箱体,门柱组装不良就会与车体发生共振,门柱内部空腔也会引起与车身的共振,产生噪声。因为声音具有折射和重叠的特性,当声音在车内传播时,如没有吸音和隔音材料来吸收和阻隔,就会不断折射和重叠,形成共鸣噪。

共鸣噪主要通过:噪声进入车内、叠加、反射产生。

② 改善方法

在做汽车隔音前,应先检查一下车况,有些噪声是由车辆本身的故障引起,如轮胎气压不正常、不规则磨损、悬架损坏及发动机异响等。系统的隔音改装主要通过减振、降噪、密封三个步骤来完成。其中,车门、行李舱、车底盘、发动机舱盖和车顶是最容易产生空气摩擦噪声的地方。

(1)消除发动机噪声。

发动机噪声属于结构噪声,它的主要产生是振动,最合理的解决办法就是制振。消除发动机的噪声最好的方法是在发动机舱盖下粘贴一种高级吸音泡沫声学材料,既可吸收和消耗大量发动机的噪声,又能抑制发动机舱盖的振动和阻隔来自发动机的热量,保护车漆表面不受高温损伤。通过专业的隔音后,在不破坏原车电路,不改变原车结构的前提下,可使车内噪声下降 4~8dB(A),提升驾驶的舒适性。

(2)消除路噪和胎噪。

路噪和胎噪是因为轮胎和路面摩擦产生振动和噪声。在翼子板、车地板及车门处加装减振板、吸音垫及车门密封条,可以从减振、吸音、隔音三个源头改善胎噪和路噪。

(3)消除风噪。

风噪是因为风的压力超过车门的密封抗阻力而形成,消除风噪的有效方法是加强密封阻力。加装车门密封条和内心密封条可以有效地降低车内噪声。

③ 与汽车噪声检测相关的国家标准

我国现行的车外噪声标准是由国家环境保护总局和国家质量监督检验检疫总局于 2002 年 1 月 4 日共同发布的,并于 2002 年 10 月 1 日开始实施。该标准的全称为《汽车加速行驶车外噪声限值及测量方法》(GB 1495—2002)(表 7-1)。

《汽车加速行驶车外噪声限值及测量方法》(GB 1495—2002)是我国关于车外噪声限值的第三部国家标准。在此之前,我国国家标准总局曾于 1979 年首次颁发了《机动车辆允许噪声》(GB 1495—1979)。该标准适用于各类型汽车、摩托车、轮式拖拉机等机动车辆,规定了各类车辆车外加速行驶噪声的限值,但同样的对匀速行驶和车内噪声没有规定相应的限值。具体数据见表7-2。

汽车加速行驶车外噪声限值 dB(A)（GB 1495—2002）　　　　　表7-1

汽车分类	噪声限值 dB(A)	
	第一阶段	第二阶段
	2002.10.1～2004.12.30期间生产的汽车	2005.1.1以后生产的汽车
M1	77	74
M2(GVM≤3.5t)，或N1(GVM≤3.5t)： GVM≤2t 2t<GVM≤3.5t	78 79	76 77
M2(3.5t<GVM≤5t)，或M3(GVM>5t)： P<150kW P≥150kW	82 85	80 83
N2(3.5t<GVM≤12t)，或N3(GVM)>12t： P<75kW 75kW≤P≤150kW P≥150kW	83 86 88	81 83 84

说明：

a) M1、M2(GVM≤3.5t)和N1类汽车装用直喷式柴油机，其限值增加1dB。

b) 对于越野汽车，其GVM>2t时：
　　如果P<150kW，其限值增加1 dB(A)；
　　如果P≥150kW，其限值增加2 dB(A)。

c) M1类汽车，若其变速器前进挡多于四个，P>140kW，P/GVM之比大于75kW/t，并且用第三挡测试时其尾端出线的速度大于61km/h，则其限值增加1dB(A)。

《机动车辆允许噪声标准》（GB 1495—1979）　　　　　表7-2

车辆种类		车外最大允许噪声级 dB(A)	
		1985年1月1日前产品	1985年1月1日后产品
载货汽车	载质量8～15t	92	89
	载质量3.5～8t	90	86
	载质量<3.5t	89	84
轻型越野车		89	84
公共汽车	总质量4～11t	89	86
	总质量≤4t	88	83
轿车		84	82
摩托车		90	84
轮式拖拉机(60Hp(马力)以下)		91	86

国家环境保护局和国技术监督局于1996年联合发布了《汽车定置噪声限值》(GB 16170—1996)。该标准对城市道路允许行驶的在用车辆处于定置工况下的噪声辐射实行了控制。至此,国家对汽车加速、汽车定置(指车辆不行驶,发动机处于空载)状态的噪声有了限值和测量方法。

具体数据见表7-3。

《汽车定置噪声限值》(GB 16170—1996)　　　　　　　　　　表7-3

车辆种类	燃料种类	定置噪声限值 dB(A)	
		1998年1月1日前出厂	1998年1月1日后出厂
轿车	汽油	87	85
微型客、货车	汽油	90	88
轻型客车、货车、越野车	汽油 $n \leqslant 4300 r/min$	94	92
	汽油 $n > 4300 r/min$	97	95
	柴油	100	98
中型客车、货车、汽油、大型客车	汽油	97	95
	柴油	103	101
重型货车	$n \leqslant 147 kW$	101	99
	$n > 147 kW$	105	103

从以上国标的对比尤其是GB 1495—2002和GB 1495—1979的对比中,可以很明显地看出随着汽车出厂日期的推迟,其噪声限值的要求变得越发的严格了。

目前欧洲在车外噪声限值方面的法规主要是ECE R51.02《关于在噪声方面汽车型式认证的统一规定》,于1995年10月16日生效,最新修订版本于2008年2月3日生效实施。现行的版本规定了汽车加速行驶车外噪声和定置噪声的测量方法,并且规定了汽车加速行驶车外噪声限值。具体数据见表7-4。

关于在噪声方面汽车型式认证的统一规定　　　　　　　　　　表7-4

车型分类		限值 dB(A)
M1		74
M2($GVM > 3.5t$)、M3	$P < 150 kW$	78
	$P \geqslant 150 kW$	80
M2($GVM \leqslant 3.5t$)、N1	$GVM \leqslant 2t$	76
	$2t < GVM \leqslant 3.5t$	77
N2、N3	$P < 75 kW$	77
	$75 kW \leqslant P < 150 kW$	78
	$P \geqslant 150 kW$	80

注:GVM为最大总质量;P为发动机额定功率

二 任务实施

（一）喇叭声级检验

1 准备工作

（1）将实训车辆停放在检测区域。

（2）检查实训室通风系统设备工作是否正常。

（3）准备声级计、车辆挡块、翼子板布、三件套等教学用具。

2 技术要求与注意事项

（1）按使用说明书要求，应调整网络开关到"A"级计权和快挡位置；

（2）检测时环境的本底噪声应<80dB(A)；

（3）声级计在距被检车前2m，离地高1.2m处检测时，喇叭声级的数值应为90～115dB(A)之间；

（4）测量时应注意不被偶然的其他声源峰值所干扰。测量次数宜在2次以上，并注意监听喇叭声是否悦耳。

（5）如遇汽车喇叭不响，不准以踩发动机加速踏板、鸣气喇叭的方式来代替喇叭声级的检测。

3 操作步骤

（1）声级计的检查与校准。

①在未接通电源时，校零。

②检查电池容量。

③打开电源开关，预热仪器10min。

④校准仪器。

测量汽车噪声使用的仪器是声级计。声级计误差不超过±2dB，并要求在测量前后，按规定进行校准。图7-1为声级计。

（2）汽车喇叭声的测量地点及方法。

汽车喇叭声的测点位置如图7-2所示，将声级计放置于距被检车前2m，离地高1.2m处，传声器指向被检车辆驾驶员位置；按响喇叭保持发声3s以上，读取检测数据。

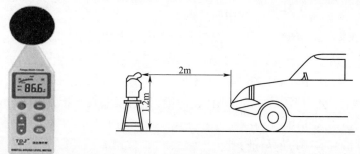

图7-1 声级计　　　图7-2 喇叭声级检测示意图

(二)车内噪声的测量

1 准备工作

(1)将实训车辆停放在检测区域。
(2)检查实训室通风系统设备工作是否正常。
(3)准备声级计、车辆挡块、翼子板布、三件套等教学用具。

2 技术要求与注意事项

(1)声音测试时,发电机技术性能应良好。蓄电池应能保持常态电压。电器导线应具有阻燃性能,所有电器导线均应捆扎成束、布置整齐、固定卡紧、接头牢固并有绝缘套,在导线穿越孔洞时应装设绝缘套管。
(2)车辆喇叭应具有连续发声功能,其工作应可靠。

3 操作步骤

(1)声级计的检查与校准。
①在未接通电源时,校零。
②检查电池容量。
③打开电源开关,预热仪器10min。
④校准仪器。
汽车噪声使用的测量仪器声级计误差不超过±2dB,并要求在测量前后,按规定进行校准。
(2)测试条件的要求。
①测量跑道应有足够试验需要的长度、平直、干燥的沥青路面或混凝土路面。
②测量时风速(指相对于地面)应不大于3m/s。
③测量时车辆门窗应关闭。
④车内除驾驶员和测量人员外,不应有其他人员。
(3)测试点的要求。
车内噪声测量通常在人耳附近布置测点,传声器朝车辆前进方向。
载客车室内噪声测点可选在车厢中部及最后一排座的中间位置。

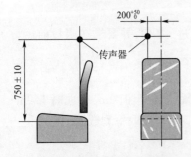

图7-3 车内噪声测试示意图

图7-3为车内噪声测试示意图。

(4)测量方法。
①车辆以常用挡位、50km/h以上的不同车速匀速行驶,分别进行测量。
②用声级计"低"挡测量"A""C"计权声级,分别读取表头指针最大读数的平均值,测量结果记入规定的表格中。
(5)驾驶员耳旁噪声的测量方法。
①车辆应处于静止状态且变速器置于空挡,发动机应处于额定转速状态。

②测点位置如图所示。
③声级计应置于"A"计权、"高"挡。

(三)车外噪声的测量

1. 准备工作

(1)将实训车辆停放在检测区域。
(2)检查实训室通风系统设备工作是否正常。
(3)准备声级计、车辆挡块、翼子板布、三件套等教学用具。

2. 技术要求与注意事项

(1)测量场地应平坦而空旷,在测试中心以25m为半径的范围内,不应有大的反射物,如建筑物、围墙等。
(2)测试场地跑道应有20m以上平直、干燥的沥青路面或混凝土路面。路面坡度不超过0.5%。
(3)为避免风噪声干扰,可采用防风罩,但应注意防风罩对声级计灵敏度的影响。
(4)测量时风速应不大于3m/s。
(5)测量时车内除驾驶员和测量人员外,不应有其他人员。
(6)车内基本噪声比所测车内噪声至少10dB,并保证测量不被偶然的其他声源所干扰。

3. 操作步骤

(1)声级计的检查与校准。
①在未接通电源时,校零。
②检查电池容量。
③打开电源开关,预热仪器10min。
④校准仪器。

汽车噪声使用的测量仪器声级计误差不超过±2dB,并要求在测量前后,按规定进行校准。

(2)测量场地及测点位置。

图7-4为汽车噪声的测量场地及测量位置,测试传声器位于20m跑道中心点O两侧,各距中线7.5m,距地面高度1.2m,用三脚架固定,传声器平行于路面,其轴线垂直于车辆行驶方向。

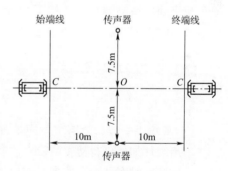

图7-4 车外噪声测试示意图

(3)加速行驶车外噪声测量方法。
①车辆须按规定条件稳定地到达始端线,前进挡位为4挡以上的车辆用第3挡,前进挡位为4挡或4挡以下的用第2挡,发动机转速为其标定转速的3/4。如果此时车速超过了50km/h,那么车辆应以50km/h的车速稳定地到达始端线。对于自动变速器的车辆,使用在试验区间加速最快的挡位。辅助变速装置不应使用。
②从车辆前端到达始端线开始,立即将加速踏板踏到底或节气门全开,直线加速行驶,

当车辆后端到达终端线时,立即停止加速。车辆后端不包括拖车以及和拖车连接的部分。

③声级计用"A"计权网络、"高"挡进行测量,读取车辆驶过时的声级计表头最大读数。

④同样的测量往返进行1次。车辆同侧两次测量结果之差,应不大于2dB,并把测量结果记入规定的表格中。取每侧2次声级平均值中最大值作为检测车的最大噪声级。若只用1只声级计测量,同样的测量应进行4次,即每侧测量2次。

(4)匀速行驶车外噪声测量方法。

①车辆用常用挡位,加速踏板保持稳定,以50km/h的车速匀速通过测量区域。

②声级计用"A"计权网络、"快"挡进行测量,读取车辆驶过时声级计表头的最大读数。

③同样的测量往返进行1次,车辆同侧两次测量结果之差不应大于2dB,并把测量结果记入规定的表格中。若只用1个声级计测量,同样的测量应进行4次,即每侧测量2次。

三 学习拓展

汽车噪声大致来源于发动机噪声、排气噪声、风扇、传动系统、制动系统、轮胎和风噪等,而通过改装,大多噪声是可以有效地降下来的。

在做汽车隔音前,应先检查一下车况,有些噪声是由车辆本身的故障引起,如轮胎气压不正常、不规则磨损、悬架或底盘损坏及发动机异响等。而系统的隔音工程主要通过减振、降噪、密封三个步骤来完成。其中,车门、行李舱、车底盘、发动机舱盖和车顶是最容易产生空气摩擦噪声的地方,因此,这些地方都是隔音降噪处理的重点。

而对于发动机的噪声,则最好在发动机舱盖下粘贴一种高级吸音泡沫声学材料,既可吸收和消耗大量发动机的噪声,又能抑制发动机舱盖的振动和阻隔来自发动机的热量,保护车漆表面不受高温损伤。据了解,通过专业的施工技术,在不破坏原车电路,不改变原车结构的前提下,隔音工程可使车内噪声下降4~8dB(A),大大提升驾车的舒适度。

四 评价与反馈

1 自我评价

(1)通过本学习任务的学习你是否已经知道以下问题:

①声级计如何进行检查、校准?_____。

②加速行驶车外噪声测量时车辆置于什么挡位?_____。

(2)在汽车噪声测试检测操作过程中用到了哪些设备?

_____。

(3)实训过程完成情况如何?

_____。

(4)通过本学习任务的学习,你认为自己的知识和技能还有哪些欠缺?

_____。

签名:_____ ___年___月___日

❷ 小组评价(表7-5)

小组评价表　　　　　　　　　表7-5

序号	评价项目	评价情况
1	着装是否符合要求	
2	是否能合理规范地使用仪器和设备	
3	是否按照安全和规范的流程操作	
4	是否遵守学习、实训场地的规章制度	
5	是否能保持学习、实训场地整洁	
6	团结协作情况	

参与评价的同学签名：_____　　　　____年___月___日

❸ 教师评价

_____

_____。

教师签名：_____　　　　____年___月___日

五 技能考核标准

考核的方式建议用每个人独立完成学习领域中的实训任务,培养学生独立自主完成任务的能力。实训任务综合性较强,可以根据学生完成实训任务的情况评价整个学习领域的学习效果。表7-6为技能考核标准。

技能考核标准表　　　　　　　　　表7-6

序号	项目	操作内容	规定分	评分标准	得分
1	车内噪声的测量	检查准备工作是否到位	8分	漏一项扣3分,扣完为止	
2		记录车辆铭牌信息	4分	记录信息是否全面,缺少一个必要信息,此项不得分	
3		声级计的检查与校准	10分	检查并校正声级计,检查结果不正确不得分	
4		是否检查测试跑道足够长	3分	是否有检查行为,并做出正确判断,判断错误不得分	
5		检查测试时的风速	4分	是否有检查动作并做出正确记录,记录错误此项不得分	
6		测量前是否检查车辆门窗关闭	3分	是否确认车窗关闭,没有检查此项不得分	
7		车内噪声测量是否在人耳附近布置测点,传声器是否朝车辆前进方向	6分	检查传感器的测试方向,没有检查此项不得分	
8		进行测量车内噪声	11分	是否按规定检查车内噪声,未按规定检测此项不得分	
9		确认车内噪声是否合格	6分	车内噪声判断错误不断分	

续上表

序号	项目	操作内容	规定分	评分标准	得分
10	车外噪声的测量	声级计的检查与校准	10 分	检查并校正声级计,检查结果不正确不得分	
11		测量前是否检查测量场地	6 分	是否有检查行为,并做出正确判断,判断错误不得分	
12		加速行驶车外噪声测量车外噪声	11 分	达不到规定检测条件,此项不得分	
13		确认车外噪声是否合格	6 分	结果记录错误此项不得分	
14		汽车喇叭声的测量	6 分	操作是否符合操作标准,此项不得分	
15		确认车辆喇叭是否合格	6 分	检查结果不正确,此项不得分	
		总分	100 分		

学习任务8 尾气排放物的检测

学习目标

知识目标

1. 掌握汽车排气污染物的主要成分及影响;
2. 掌握汽油车排气污染物检测的理论知识;
3. 掌握柴油车排气污染物检测的理论知识;
4. 了解与废气相关系统的诊断方法;
5. 清楚相关国家标准的检测要求。

技能目标

1. 能完成汽油车排气污染物的检测流程及分析;
2. 能完成柴油车排气污染物的检测流程及分析。

建议课时

10课时。

小明同学家一辆2009年生产的帕萨特到汽车检测站进行整车检测时,检测报告显示尾气排放检测不合格,建议驾驶员维修车辆后,再进行汽车尾气排放检测。此时需要到维修站进行尾气排放检测和诊断。

一 理论知识准备

1 汽车排气污染物的主要成分

(1)发动机燃烧产生的污染物,如图8-1所示。

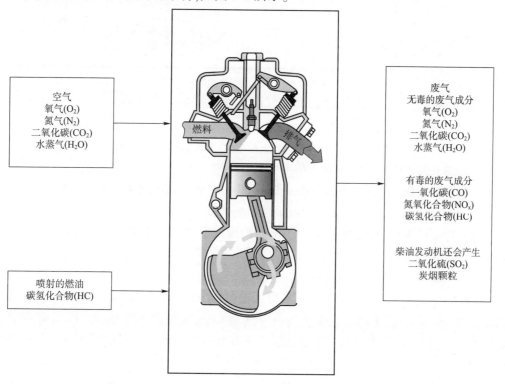

图8-1 燃烧时的进气和排气成分

汽车废气由无毒废气成分氮气(N_2)、二氧化碳(CO_2)、水(H_2O)、氧气(O_2)和各种有害物质组成。

氮气(N_2)是我们吸入的空气的一种成分。它不参与燃烧过程,是废气中含量最高的气体,大约为71%。

碳氢化合物(HC)中的碳在完全燃烧时生成二氧化碳。

碳氢化合物(HC)中的氢在废气通过燃烧变为在冷却时绝大部分都会凝固的水蒸气。

各种有害物质在废气中仅占极小的部分如图8-2所示,但是它们对健康有害。

一氧化碳(CO)的产生主要取决于混合比。在空气不足(浓混合气)时,一氧化碳(CO)的含量就会增加。当$\lambda=1$或混合气较稀时,其含量则很小。

碳氢化合物(HC)是未燃烧的燃油成分,在空气不足($\lambda<1$)和空气过量($\lambda>1.2$)时产生。碳氢化合物(HC)会产生典型的尾气臭味、刺激感官并可致癌。

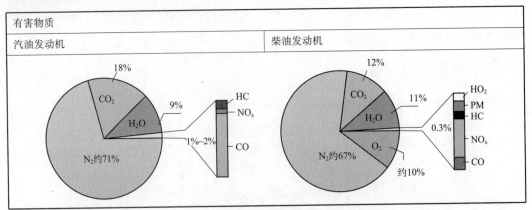

图 8-2 排放污染物的成分及比例

氮氧化合物(NO_x)是氮气(N_2)和氧气(O_2)的化合物。发动机在燃烧过程中温度较高和氧气(O_2)过量时会产生氮氧化合物(NO_x)。氮氧化合物(NO_x)与过量空气系数 λ 的关系正好和碳氢化合物(HC)排放物相反。氮氧化合物(NO_x)是一种无色气体,它能强烈刺激呼吸道并在浓度较高时导致人员出现麻痹现象。

二氧化硫(SO_2)在废气中的含量很低,主要在柴油发动机的废气中。它是一种无色、有刺激性气味的不可燃气体,可造成呼吸道疾病。

颗粒物质(PM)是柴油在氧气(O_2)不足的情况下燃烧产生的,在 λ = 1 时产生较多。它是一种致癌物质。

(2)发动机污染物的减排措施。

发动机污染物的减少可以通过采取降低油耗和净化废气两种措施来实现。降低油耗的措施有改进汽车车身设计,使其更符合空气动力学,减少空气阻力;采用轻金属材料来减轻汽车重量;改进混合气制备提高燃油经济性;优化发动机管理系统、废气再循环和燃油箱通风等装置。废气通过催化转化器和颗粒过滤器净化废气。

2 汽车检测站实际工作情况描述

安全性能检测实现了全自动计算机联网检测,引车员在安全性能检测中,必须严格按照联网计算机的提示,及时操作、正确配合。

图 8-3 汽车尾气检测站点屏指示

引车员应听从排放操作员或联网计算机的指示,将车辆行驶到尾气排放检测位置停车,变速器挂空挡,拉紧驻车制动,配合排放操作员对车辆进行检测。图 8-3 为汽车尾气检测站点屏指示。

3 汽车排放污染物检测过程中的术语和定义

(1)一氧化碳(CO)体积浓度:排气中一氧化碳(CO)的体积分数即为一氧化碳(CO)体积浓度,以"$10^{-6} m^3/m^3$(体积分数)"表示。

(2)碳氢化合物(HC)体积浓度:排气中碳氢化合物(HC)的体积分数即为碳氢化合物(HC)的体积浓度,以"$10^{-6} m^3/m^3$(体积分数)"表示,体积分数值按正己烷当量。

(3)一氧化氮(NO)体积浓度:排气中一氧化氮(NO)的体积分数即为一氧化氮(NO)体积浓度,以"$10^{-6}m^3/m^3$(体积分数)"表示。

(4)怠速工况指发动机无负载运转状态:即离合器处于接合位置、变速器处于空挡位置(对于自动变速器的车应处于"停车"或"P"挡位);高怠速工况指用加速踏板将发动机转速稳定控制在50%额定转速或制造厂技术文件中规定的高怠速转速时的工况。本标准中将轻型汽车的高怠速转速规定为(2500±100)r/min,重型车的高怠速转速规定为(1800±100)r/min;如有特殊规定的,按照制造厂技术文件中规定的高怠速转速。

(5)过量空气系数(λ):燃烧1kg燃料的实际空气量与理论上所需空气量之质量比。

(6)不透光烟度计:用于连续测量汽车排气的光吸收系数的仪器。

(7)最高额定转速:调速器所允许的全负荷最高转速。

(8)最低额定转速:发动机下列三种转速中最高者:45%最高额定转速;1000r/min;怠速控制器允许的最低转速或制造厂要求的更低转速。

(9)光吸收系数(k):表示光束被单位长度的排烟衰减的一个系数,它是单位体积的微粒数n,微粒的平均投影面积a和微粒的消光系数Q三者的乘积。

(10)发动机最大转速(MaxRPM):在进行本标准规定的测试试验中,加速踏板处于全开位置时测量得到的发动机最大转速。

(11)新生产汽车:指制造厂合格入库或出厂的汽车。

(12)在用汽车:指已经登记注册并取得号牌的汽车。

(13)自由加速工况:在发动机怠速下,迅速但不猛烈地踩下加速踏板,使喷油泵供给最大油量。在发动机达到调速器允许的最大转速前,保持此位置。一旦达到最大转速,立即松开加速踏板,使发动机恢复至怠速。

(14)自由加速滤纸式烟度:在自由加速工况下,从发动机排气管抽取规定长度的排气柱所含的炭烟,使规定面积的清洁滤纸染黑的程度,称为自由加速滤纸式烟度。

4 检测站的检测员操作步骤和实际要求

现在尾气排放检测项目是单独的检测站,但尾气排放检测要求是一致的。

(1)汽油车怠速污染排放检测(用红外线废气分析仪检测)。

根据点阵屏的指示,引车员将车辆驶到排放检测工位停车。排放工位操作员打开废气分析仪气泵,将取样管探头插入汽车排气管内,插入深度约30cm,并平行于排气管,探头不碰排气管壁。仪器将指示被测气体的浓度值。此时,引车员应将汽车处于怠速工况下进行测量。汽油车怠速污染排放检测应在发动机热态状况下进行。图8-4为汽油车尾气排放检测工位。

(2)柴油车排放烟度(用滤纸式全自动烟度计检测)。

根据点阵屏的指示,引车员将车辆驶到排放检测工位停车。测量时,检测员把取样管一端探头插入柴油汽车的排气管深度约30cm,并平行于排气管,探头不碰排气管壁。为使测量动作时间与柴油车排气同步,检测员将脚踏开关挂在加速踏板上。引车员将加速踏板迅速踩到底,维持数秒钟后松开。连续测量三次,以三次的平均值作为测量值。仪器

则自动完成

测量,并显示测量结果,当完成三次测量后,自动计算平均值并显示。图 8-5 为柴油车尾气排放检测工位。

图 8-4 汽油车尾气排放检测工位

图 8-5 柴油车尾气排放检测工位

(3)柴油车排放烟度(用透射式烟度计检测)。

根据点阵屏的指示,引车员将车辆驶到排放检测工位停车。测量时,检测员把取样管一端探头插入柴油汽车的排气管深度约 30cm,并平行于排气管,探头不碰排气管壁。为使测量动作时间与柴油车排气同步,检测员将脚踏开关挂在加速踏板上。引车员将加速踏板迅速踩到底,维持数秒钟后松开。连续测量六次后,检测仪自动计算并显示检测结果。

5 与汽车排放污染物的相关国家标准

1)汽油车双怠速尾气排放检验方法

依据《点燃式发动机汽车污染物排放限值及测量方法》(GB 18285—2005)进行检测。

(1)检验前的仪器准备。

装上长度等于 5m 的取样软管和长度不小于 400mm 并有插深定位装置的取样探头。检查取样软管和探头内残留 HC 不得大于 $20 \times 10^{-6} m^3/m^3$;仪器的取样系统不得泄漏。

(2)待检车辆准备。

①发动机点火正时应准确,并达到规定的热状态。

②排气系统不得有漏气现象。

(3)检验程序。

①发动机由怠速状态加速至 70% 的额定转速,运转 30s 后降至高怠速。将取样探头插入排气管中,深度等于 400mm,并固定在排气管上。维持 15s 后,由具有平均值功能的仪器读取 30s 内的平均值,或者人工读取 30s 内的最高值和最低值,其平均值即为高怠速污染物测量结果。在有争议的情况下,以前一种方式读取值为准。对于使用闭环控制电子燃油喷射系统和三元催化转化器技术的汽车,还应读取过量空气系数(λ)的数值。

②发动机从高怠速降至怠速 15s 后,由具有平均值功能的仪器读取 30s 内的平均值,或者人工读取 30s 内的最高值和最低值,其平均值即为怠速污染物测量结果。

③若为多排气管,则取各排气管测量结果的算术平均值作为测量结果。表8-1为双怠速工况检测表。

双怠速工况检测表　　　　　　　表8-1

0.7倍的额定转速	0.5倍的额定转速		怠速转速	怠速转速
30s	15s	30s	15s	30s
预热	插探头—稳定	读平均值	稳定	读平均值

(4)注意事项。

①检验时,发动机怠速应符合规定。

②检验结束后,抽出取样探头,待仪表指针回到零位,再检测下一辆车。

③应选择通风良好的地方检测;严禁在有油或有机溶剂的地方检测;取样探头不用时要垂直吊挂,防止因其他污染或受损,而影响检测精度。

④对于使用闭环控制电子燃油喷射系统合三元催化转化器技术的汽车进行过量空气系数(λ)的测定。发动机转速为高怠速时,λ应在1.00±0.03或制造厂规定的范围内。

⑤过量空气系数(λ):燃烧1kg燃料实际空气量与理论上所需空气量之质量比。

2)滤纸法烟度检验方法

依据《汽车排放烟度排放限值及测量方法》(GB 3847—2005)进行检测。

(1)检验前仪器及车辆准备。

①抽气开关与抽气泵动作应同步,滤纸洁白均匀无受潮变质,取样进气管路通畅。

②受检车辆发动机达到规定的热状态,排气系统不得有泄漏现象。

(2)检验程序。

①吹除积存物:由怠速工况将加速踏板迅速踩到底,4s后松开,反复三次,以清除排气系统中的积物。

②安装取样探头:将取样探头固定于排气管内,插深等于300mm,并使其中心线与排气管轴线平行。

③将踏板开关固定在加速踏板上方。

④测量取样:由怠速工况将踏板开关和加速踏板一并迅速踩到底,保持4s后松开,完成第一次检验。

⑤读取示值(自动)或取样(手动)。

⑥相隔11s以后,进行第二次检验。

⑦重复检验三次,取三次检验值的算术平均值为排气烟度的检验结果。

3)自由加速试验排气可见污染物检验

依据《汽车排气烟度排放限值及测量方法》(GB 3847—2005)进行检测。

(1)检验前仪器及车辆准备。

①车辆进气系统应装配空气滤清器,排气系统应装配消声器并且不得有泄漏。

②测量时发动机的冷却液和润滑油温度应达到汽车使用说明书所规定的热状态。

③测试前应适当增加几次自由加速工况操作以便扫尽排气管积存的排放污物。

④燃料应使用柴油,不得加消烟添加剂。

⑤应使用取样式不透光烟度计,技术要求应符合《汽车排气烟度排放限值及测量方法》(GB 3847—2005)的有关规定。

(2)检验程序。

①车辆在发动机怠速下,插入不透光仪取样探头。

②在 1s 内将加速踏板快速、连续地完全踩到底,使喷油泵最短时间内供给最大油量。动机一旦达到最大转速,立即松开加速踏板,使发动机恢复至怠速,不透光仪恢复到相应状态。

③重复②操作过程至少 3 次,记录每次不透光仪的最大读数值。

④计算最后 3 次测量结果的算术平均值,并将测量结果记录下来。

(3)注意事项。

①取样管的长度和内径对检测结果有影响,不得随意更换。

②检验结束后,抽出取样探头,待仪表回零后再检下一台车。

③取样探头不用时应吊挂,防止污染受损。

4)汽车排放污染物的检测标准

(1)《轻型汽车污染物排放限值及测量方法》(GB 18352.3—2005)的适用范围。

标准规定了装用点燃式发动机的轻型汽车,在常温和低温下排气污染物、曲轴箱污染物、蒸发污染物的排放限值及测量方法,污染控制装置的耐久性要求,以及车载诊断(OBD)系统的技术要求及测量方法。

标准规定了装用压燃式发动机的轻型汽车,在常温下排气污染物的排放限值及测量方法,污染控制装置的耐久性要求,以及车载诊断(OBD)系统的技术要求及测量方法。

标准也规定了轻型汽车型式核准的要求,生产一致性和在用车符合性的检查与判定方法。

标准也规定了燃用 LPG 或 NG 轻型汽车的特殊要求。

标准也规定了作为独立技术总成、拟安装在轻型汽车上的替代用催化转化器,在污染物排放方面的形式核准规程。

标准适用于以点燃式发动机或压燃式发动机为动力、最大设计车速大于或等于 50km/h 的轻型汽车。

标准不适用于已根据 GB 17691(第Ⅲ阶段或第Ⅳ阶段)规定得到形式核准的 N1 类汽车。

(2)《车用压燃式、气体燃料点燃式发动机与汽车排气污染物排放限值及测量方法》(GB 17691—2005)的适用范围。

标准规定了第Ⅲ、Ⅳ、Ⅴ阶段装用压燃式发动机汽车及其压燃式发动机所排放的气态和颗粒污染物的排放限值及测试方法;以及装用以天然气或液化石油气作为燃料的点燃式发动机汽车及其点燃式发动机所排放的气态污染物的排放限值及测量方法。

标准适用于设计车速大于 25km/h 的 M2、M3、N1、N2 和 N3 类及总质量大于 3500kg 的 M1 类机动车装用的压燃式(含气体燃料点燃式)发动机及其车辆的型式核准、生产一致性检查和在用车符合性检查。若装备压燃式(含气体燃料点燃式)发动机的 N1 和 M2 类车辆已经按照《轻型汽车污染物排放限值及测量方法（中国Ⅲ、Ⅳ阶段）》(GB 18352.3—2005)的规定进行了形式核准，则其发动机可不按此标准进行形式核准。

5) 汽车排放标准

汽车排放是指从废气中排出的CO(一氧化碳)、HC(碳氢化合物)、NO_x(氮氧化物)、PM(微粒，炭烟)等有害气体。为了抑制这些有害气体的产生，促使汽车生产厂家改进产品以降低这些有害气体的产生源头，欧洲和美国都制定了相关的汽车排放标准。其中欧洲标准是中国大陆借鉴的汽车排放标准。

(1) 汽车排放标准—欧洲标准。

欧洲汽车废气排放标准是欧盟国家为限制汽车废气排放污染物对环境造成的危害而共同采用的汽车废气排放标准。当前对几乎所有类型的车辆排放的氮氧化物(NO_x)、碳氢化合物(HC)、一氧化碳(CO)和颗粒物质(PM)都有限制，比如小轿车、卡车、火车、拖拉机和类似机器、驳船，但不包括海轮和飞机。

对每一种车辆类型，汽车废气排放标准有所不同。欧洲标准是由欧洲经济委员会(ECE)的汽车废气排放法规和欧盟(EU)的汽车废气排放指令共同加以实现的。汽车废气排放法规由ECE参与国自愿认可，排放指令是EEC或EU参与国强制实施的。

在欧洲，汽车废气排放的标准一般每四年更新一次，见表8-2。在1992年实行了欧洲一号标准，从1996年开始实行了欧洲二号标准，从2000年开始，实行了欧洲三号标准，从2005年开始，实行了欧洲四号标准。相对于美国和日本的汽车废气排放标准来说，测试要求比较宽泛，因此，欧洲标准也是发展中国家大都沿用的汽车废气排放体系。

欧洲排放标准　　　　　　　　　　　　　　　表8-2

类别	欧一	欧二	欧三	欧四
实施时间	1995年底	1995~2000	2000~2005	2005年底起
HC(%)	1.1	1.1	0.66	0.46
CO(%)	4.5	4	2.1	1.5
NO_x(%)	8	7	5	3.5
微粒(%)	0.36	0.15	0.1	0.02

(2) 汽车排放标准—中国标准。

世界汽车排放标准并立，分为欧洲、美国、日本标准体系。由于中国的轿车车型大多从欧洲引进生产技术，中国大体上采用欧洲标准体系，但两者仍存有一定的技术差异。中国国标是根据中国具体情况而制定的，其要求略低于欧洲标准。

与国外先进国家相比，中国汽车尾气排放法规起步较晚、水平较低，根据中国的实际情况，从八十年代初期开始采取了先易后难分阶段实施的具体方案，其具体实施至今主要分为四个阶段。

第一阶段：1983年中国颁布了第一批机动车尾气污染控制排放标准，这一批标准的制定和实施，标志着中国汽车尾气法规从无到有，并逐步走向法制治理 汽车尾气污染的道路，在这批标准中，包括了《汽油车怠速污染排放标准》《柴油车自由加速烟度排放标准》《汽车柴油机全负荷烟度排放标准》三个限值标准和《汽油车怠速污染物测量方法》

《柴油车自由加速烟度测量方法》《汽车柴油机全负荷烟度测量方法》三个测量方法标准。

第二阶段：在1983年中国颁布第一批机动车尾气污染控制排放标准的基础上，中国在1989年至1993年又相继颁布了《轻型汽车排气污染物排放标准》《车用汽油机排气污染物排放标准》二个限值标准和《轻型汽车排气污染物测量方法》《车用汽油机排气污染物测量方法》二个工况法测量方法标准，至此，中国已形成了一套较为完态的汽车尾气排放标准体系；值得一提的是，中国1993年颁布的《轻型汽车排气污染物测量方法》采用了ECE R15-04的测量方法，而测量限值《轻型汽车排气污染物排放标准》则采用了ECE R15-03限值标准，该限值标准只相当于欧洲20世纪70年代来的水平（欧洲在1979年实施ECE R15-03标准）。

第三阶段：以北京市《轻型汽车排气污染物排放标准》（DB 11/105—1998）的出台和实施，拉开了中国新一轮尾气排放法规制订和实施的序曲，从1999年起北京实施DB11/105—1998地方法规，2000年起全国实施《汽车排放污染物限值及测试方法》（GB 14961—1999）（等效于91/441/1 EEC标准），同时《压燃式发动机和装用压燃式发动机的车辆排气污染物限值及测试方法》（GB 17691—1999）也制订出台；与此同时，北京、上海、福建等省市还参照ISO 3929中双怠速排放测量方法分别制订了《汽油车双怠速污染物排放标准》地方法规，这一条例标准的制订和出台，使中国汽车尾气排放标准达到国外九十年代初的水平。

第四阶段：2012年1月10日，中国环境保护部公布了实施国家第四阶段车用压燃式发动机与汽车污染物排放标准的时间表。《车用压燃式、气体燃料点燃式发动机与汽车排气污染物排放限值及测量方法》（GB 17691—2005）第四阶段排放限值（下称"国四标准"）将分步实施。

对在北京市、上海市销售和注册的、用于公交、环卫和邮政用途的装用压燃式发动机汽车，实施国四标准，停止销售和注册登记不符合国四标准要求的相关车辆。自2013年7月1日起，所有生产、进口、销售和注册登记的车用压燃式发动机与汽车必须符合国四标准的要求。对于车用压燃式发动机与汽车，其国三标准形式核准截止时间延长至2012年6月30日；其国四标准形式核准截止时间及国五标准实施日期另行通知。

二 任务实施

（一）汽油发动机排放物检测

❶ 准备工作

(1) 将实训车辆停放在检测区域。
(2) 检查实训室通风系统设备工作是否正常。
(3) 准备废气分析仪、车辆挡块、翼子板布、三件套等防护教学用具。

❷ 技术要求与注意事项

(1) 发动机从怠速状态加速到70%额定转速，运转30s后降至高怠速状态。将取样探头插头排气管中，深度不少于400mm，并固定在排气管上。通风系统不应引起探头取样点尾气被稀释,并且要求不能引起车辆排气出口压力变化大于 0.25kPa。对于使用闭环控制电子燃油喷射系统和三元催化转化器技术的汽车,还应同时读取过量空气系统(λ)的数值。

(2)若为多排气管时,取各排气管测量结果的算术平均值作为测量结果。

(3)若车辆排气管长度小于测量深度时,应使用排气加长管。

(4)在每次检测前 2min,废气分析仪应完成自动调零、环境空气测定和 HC 残留量的检查。

(5)在测量结果判定中,检测污染物有一项超过规定的限值,则认为排放不合格;对于使用闭环控制电子燃油喷射系统和三元催化转化器技术的车辆,如果检测的过量空气系数(λ)超过规定要求,则认为排放不合格。

❸ 操作步骤

(1)与客户交流,记录车辆信息和建立联系。准确记录车辆信息对于汽车检测与维修有重要意义。图 8-6 为车辆信息。

(2)检查是否关闭影响转速的电器。确认空调、暖风等附属装备处于关闭状态。图 8-7 为汽车空调开关。

图 8-6 车辆信息

图 8-7 汽车空调开关

(3)确认车辆工作信息。

①确认车辆进、排系统没有泄漏。

②确认车辆发动机、变速器和冷却系统等没有液体泄漏。图 8-8 为汽车发动机舱。

(4)预热检测车辆,使冷却液温度和润滑油温度不低于 80℃,或者达到汽车使用说明书规定的热车状态。图 8-9 为检测机油油温。

(5)预热和检漏废气检测仪。

①应在通电后 30min 内达到稳定。在 5min 内未经调整零位及碳氢化合物(HC)、一氧化碳(CO)、氮氧化合物(NO_x)和二氧化碳(CO_2)的量距读数应稳定在误差范围内。

②对废气分析仪进行泄漏检测,确认废气分析仪本身无泄漏。图 8-10 为废气检验仪显示。

(6)安装取样探头。将取样探头插头排气管中,深度不少于 400mm,并固定在排气管上。维持15s后,由具有平均值功能的仪器读取30s内的平均值,或者人工读取30s内的最高值和最低值,取平均值即为高怠速污染物测试结果。图8-11为安装取样探头。

图8-8 检查汽车发动机舱工作信息

图8-9 检测机油油温

图8-10 废气检测仪

图8-11 安装取样探头

(7)怠速时测量排气污染物。怠速测量、记录车辆的排气污染物,并对比标准值。图8-12为怠速时发动机转速表指示位置。

(8)高怠速时测量排气污染物。

高怠速测量、记录车辆的排气污染物,并对比标准值。图8-13为高怠速时发动机转速表指示位置。

图8-12 怠速时发动机转速表指示位置

图8-13 高怠速时发动机转速表指示位置

(9)结束工作。确认车辆排放是否合格,打印检测结果。图8-14为排放污染物的记录单。

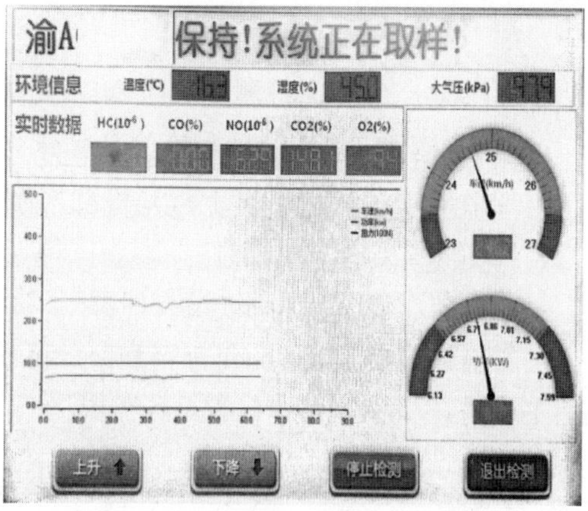

(二)柴油发动机排放物检测

1 准备工作

(1)将实训车辆停放在检测区域。

(2)检查实训室通风系统设备工作是否正常。

(3)准备不透光烟度计、车辆挡块、翼子板布、三件套等教学用具。

图8-14 排放污染物的记录单

2 技术要求与注意事项

(1)检测的发动机或汽车,其技术状况良好,发动机应已经磨合。

(2)排气装置上不得有任何可能使发动机排气稀释的孔隙。如果发动机有几个排气出口,则应将这些出口连接到一个单一的出口上,以便测量光吸收系数。

(3)发动机应处于制造厂规定的正常工作状态,尤其是冷却液和机油,均应处于制造厂规定的正常温度,在热机过程完成之后尽快进行检测。

(4)试验采用符合国家标准的商品柴油。

(5)进行自由加速试验测试的发动机必须达到其规定的最高额定转速和最大额定功率。

(6)在汽车上进行试验,换挡操作件应置于空挡位置,发动机和变速器之间的传动件应啮合。

(7)在发动机怠速测试下,迅速地操作加速踏板执行器,在最短时间内供给最大油量。在发动机达到调速器允许的最大转速前,保持此位置。一旦达到最大转速,立即松开加速踏板执行器,使发动机恢复至怠速。至少重复6次,以便吹净排气系统,并便于对仪器做必要的调整。应观察每次连续加速中不透光烟度计的最大读数值,直至得到稳定值为止。不必读取每次加速后发动机怠速工况下的读数值。如读数值连续四次在$0.25m^{-1}$的带宽内,并且没有连续下降趋势,则认为读数值是稳定的。四次测量数据的算术平均值是测量数据。

(8)使用烟度计用烟度卡,标值应选$4.0\sim5.0Rb$,每台烟度计3张。烟度计必须定期标定,在有效期内方可使用。

(9)在进行自由加速测量时,必须在1s内,将加速踏板快速、连续地完全踩到底,使喷油泵在最短时间内供给最大油量。

(10)发动机包括所有装有废气涡轮增压的发动机,在每个自由加速循环的起点均处于怠速状态。

(11)在负荷情况下测量炭烟颗粒物质,无负荷炭烟颗粒物质不能被析出或少量析出。

3 操作步骤

在汽车自由加速检测中滤纸烟度法的检测流程：

（1）与客户交流，记录车辆信息和建立联系。

准确记录车辆信息对于汽车检测与维修有重要意义。图 8-15 为车辆信息。

（2）确认车辆工作信息。

①确认车辆进、排系统没有泄漏。

②确认车辆发动机、变速箱和冷却系统等没有液体泄漏。图 8-16 为检测汽车发动机舱工作信息。

图 8-15　电脑查询的车辆信息

图 8-16　检查汽车发动机舱工作信息

（3）预热车辆。发动机应处于制造厂规定的正常工作状态，尤其是冷却液和机油，均应处于制造厂规定的正常温度，在热机过程完成之后尽快进行检测。图 8-17 为汽车冷却液温度表指示。

（4）用压力为 300～400kPa 的压缩空气清洗取样管路，把抽气泵置于待抽气位置，将洁白的滤纸置于待取样位置，将滤纸夹紧。图 8-18 为点屏显示清洗废气检测仪管路。

图 8-17　汽车冷却液温度表指示

图 8-18　点屏显示清洗废气检测仪管路

（5）将取样探头固定于排气管内，插入深度大于 300mm，并使其中心线与排气管轴线平行。图8-19为安装取样探头。

(6)在发动机怠速下,迅速但不猛烈地踩下加速踏板,提供最大油量。在发动机达到调速器允许的最大转速前,保持此位置。一旦达到最大转速,立即松开加速踏板,使发动机恢复至怠速。进行三次,以清除排气系统中的积存物。图8-20为踩汽车加速踏板。

图8-19 安装取样探头

图8-20 汽车加速踏板位置

(7)测量取样。图8-21为取样时汽车所处的工作状况。

(8)结束工作。确认车辆排放是否合格,打印检测结果。图8-22为记录数据界面。

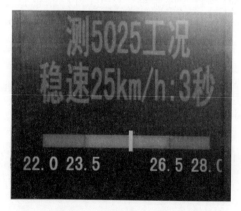

图8-21 取样时汽车工作状况

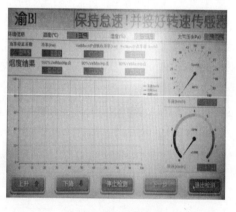

图8-22 记录数据界面

三 学习拓展(与废气有关的系统及诊断方法)

1 废气警告灯

用于在驾驶员可见区域内显示与废气有关故障的废气警告灯称为"故障指示灯(MIL)"。正常情况下故障指示灯在发动机静止而点火开火开关接通时点亮。如果发动机控制单元识别出与废气有关的部件发生故障,会点亮提醒驾驶员。发动机工作异常,故障指示灯点亮的条件是在两个连续的工作循环中计算得出值超过允许值的1.5倍。如果出现可能损坏催化转化器的燃烧断火,故障指示灯会闪烁警告驾驶员。

点火开关打开，车辆处于自检状态，故障指示灯常亮，如图8-23所示。

当发动机起动后，如果故障指示灯常亮，说明发动机有故障或有历史故障未清除，如图8-24所示。

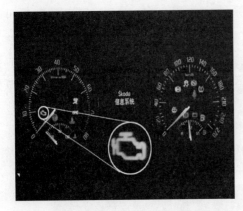 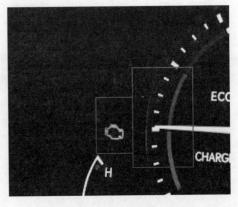

图8-23 自检状态的故障指示灯　　　　图8-24 发动机异常状态的故障指示灯

❷ 废气在循环系统

高温高压的燃烧室会产生氮氧化合物。将一定量的废气引入到汽缸内，可以降低燃烧温度，从而减少氮氧化合物的排放。

启用废气在循环系统时，进气管内的压力升高（真空度减少）。发动机控制单元将进气管内升高的压力与输入废气量进行比较得出废气再循环系统工作是否正常。废气再循环系统在暖机、急加速和大负荷等情况下不工作，所有仅在滑行运行期间进行废气再循环系统检查。

当废气再循环阀工作时，进气压力传感器在进气管中检测出压力升高，说明废气再循环系统正常。图8-25为废气再循环系统正常工作指示图。

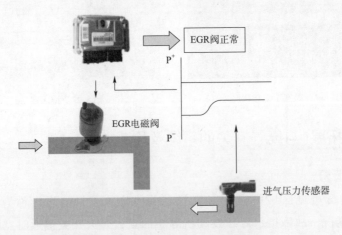

图8-25 废气再循环系统正常工作指示图

当废气再循环阀工作时，进气压力传感器在进气管中未检测出压力升高，说明废气再循环系统不正常。图8-26为废气再循环系统异常工作指示图。

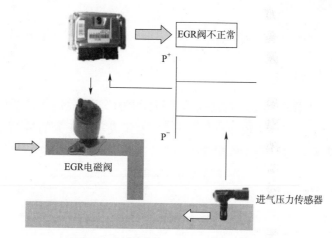

图 8-26　废气再循环系统异常工作指示图

四 评价与反馈

❶ 自我评价

(1) 通过本学习任务的学习你是否已经知道以下问题：
① 汽车排放污染物严重不合格会出现什么故障现象？＿＿＿＿＿＿＿＿＿＿＿＿＿＿＿＿。
② 在汽车排放污染物检测中应注意哪些问题？＿＿＿＿＿＿＿＿＿＿＿＿＿＿＿＿＿＿。

(2) 在汽车排放污染物检测操作过程中用到了哪些设备？
＿＿＿＿＿＿＿＿＿＿＿＿＿＿＿＿＿＿＿＿＿＿＿＿＿＿＿＿＿＿＿＿＿＿＿＿＿＿＿。

(3) 实训过程完成情况如何？
＿＿＿＿＿＿＿＿＿＿＿＿＿＿＿＿＿＿＿＿＿＿＿＿＿＿＿＿＿＿＿＿＿＿＿＿＿＿＿。

(4) 通过本学习任务的学习，你认为自己的知识和技能还有哪些欠缺？
＿＿＿＿＿＿＿＿＿＿＿＿＿＿＿＿＿＿＿＿＿＿＿＿＿＿＿＿＿＿＿＿＿＿＿＿＿＿＿。

签名：＿＿＿＿＿＿　　＿＿＿＿年＿＿月＿＿日

❷ 小组评价（表 8-3）

小组评价表　　　　　　　　　　　　表 8-3

序号	评价项目	评价情况
1	着装是否符合要求	
2	是否能合理规范地使用仪器和设备	
3	是否按照安全和规范的流程操作	
4	是否遵守学习、实训场地的规章制度	
5	是否能保持学习、实训场地整洁	
6	团结协作情况	

参与评价的同学签名：＿＿＿＿＿＿＿＿　　＿＿＿＿年＿＿月＿＿日

❸ 教师评价

。

教师签名：_____　　　　　　　　　年　　月　　日

五 技能考核标准

考核的方式建议用每个人独立完成学习领域中的实训任务，培养学生独立自主完成任务的能力。实训任务综合性较强，可以根据学生完成实训任务的情况评价整个学习领域的学习效果。表8-4为技能考核标准。

技能考核标准表　　　　　　　　　　　　　　　表8-4

序号	项目	操作内容	规定分	评分标准	得分
1	汽油发动机排放物的双怠速检测流程	记录车辆铭牌信息	5分	记录信息是否全面，缺少一个必要信息，此项不得分	
2		确认空调、暖风等附属装备处于关闭状态	3分	一项没有确认扣2分，扣完为止	
3		确认车辆进、排系统没有泄漏	3分	是否有检查动作，并给出正确结论，结论不正确不得分	
4		确认车辆发动机、变速器和冷却系等没有液体泄漏	3分	是否有检查动作并给出检查结果，结果不正确不得分	
5		预热检测车辆	5分	检查达到预热规定温度并记录，记录错误不得分	
6		预热废气分析仪	5分	没有预热废气分析仪不得分	
7		废气分析仪泄漏检测	5分	没有进行仪器泄漏检查不得分	
8		取样探头插头排气管中，深度不少于400mm，并固定在排气管上	5分	深入的长度达不到要求或者固定不牢靠每项2.5分	
9		高怠速测量、记录车辆的排气污染物，并对比标准值	5分	数据记录错误此项不得分	
10		怠速测量、记录车辆的排气污染物，并对比标准值	7分	数据记录错误此项不得分	
11		确认车辆排放是否合格	7分	结果判定错误不得分	
12	在汽车自由加速检测中滤纸烟度法的检测流程	记录车辆铭牌信息	5分	记录信息是否全面，缺少一个必要信息，此项不得分	
13		确认车辆进、排系统没有泄漏	3分	一项没有确认扣2分，扣完为止	
14		确认车辆发动机、变速器和冷却系统等没有液体泄漏	3分	是否有检查动作并给出检查结果，结果不正确不得分	
15		预热检测车辆，使冷却液温度和润滑油温度不低于80℃，或者达到汽车使用说明书规定的热车状态	3分	检查达到预热规定温度并记录，记录错误不得分	

续上表

序号	项目	操作内容	规定分	评分标准	得分
16	在汽车自由加速检测中滤纸烟度法的检测流程	用压力为300~400kPa的压缩空气清洗取样管路,把抽气泵置于待抽气位置,将洁白的滤纸置于待取样位置,将滤纸夹紧	5分	没有进行管路清洁此项不得分	
17		安装取样探头。将取样探头固定于排气管内,插深等于300mm,并使其中心线与排气管轴线平行	5分	深入的长度达不到要求或者固定不牢靠每项2.5分	
18		吹除积存物	5分	没有吹除车辆周围积存物此项不得分	
19		测量取样:将抽气泵开关置于加速踏板上,循环测量四次,取后三次读数的算术平均值即为所测烟度值	8分	测试次数不达标扣5分,记录数据错误扣5分	
20		确认车辆排放是否合格	5分	结果判断不合格,此项不得分	
21		测量程序完成4个测量循环后,用压力为300~400kPa的压缩空气清洗取样管路	5分	没有进行高压空气清洁,此项不得分	
	总分		100分		

项目三　路　试　检　验

学习任务9　车辆路试检验

学习目标

★ 知识目标
1. 掌握路试检验的理论知识；
2. 掌握路试检验的国家标准。

★ 技能目标
能完成车辆路试的检验流程并能做出判断。

★ 建议课时
4课时。

小张同学家轿车到汽车检测站进行整车检测时，线上检测制动不合格，小张同学爸爸要求进行路试检测。此时需要进行路试检验。

一　理论知识准备

汽车检测站实际工作情况介绍如下。

1　检测依据

按照国标 GB 7258—2004《机动车运行安全运行技术条件》第 7.13 条路试检验制动

性能的规定进行道路制动性能的检测。

❷ 进行路试的限制条件

(1) 因受设备条件的限制,超高、超宽、超长、超重的车辆;及其他不能上检测线检测的车辆,需要进行制动性能检测时,采用道路制动性能试验。

(2) 因停电、轴重、制动检测台发生故障、联网的计算机系统(主机、录入机、选择机、轴重制动检测工位计算机)发生故障不能检测时,对送检车辆采用道路制动性能试验。

(3) 行业管理部门及站领导对送检车辆的抽查检测,可以上检测线检测,也可以进行道路制动性能试验;车主、送检人员对检测线检测质量有异议时,对有争议、异议的车辆进行道路制动性能试验。

(4) 带 ABS 制动的车辆在制动检测台检测制动稳定性不合格时,通过道路制动性能试验对送检车辆进行检验,检验 ABS 制动系统工作时的车辆制动稳定性。并以道路制动性能试验时的车辆制动稳定性为准。

❸ 道路试验

(1) 道路制动性能试验必须由本站的专职引车员驾车试验。

(2) 严禁在制动路段以外的地面进行道路制动性能试验,以确保试车安全。

(3) 引车员在进行道路制动试验前,必须确认车辆状况是否符合试验条件:制动系统工作正常可靠;气压表真空表是否正常;气压制动系统气压表的指示压力应大于等于 600kPa 以上;重踩制动踏板,确认制动系统有无反应、管路接头总分泵有无漏气漏油;必须确认试验应急制动、手制动是否有效;凡制动失效、失灵的车辆严禁道路制动试验。

(5) 引车员在进行道路制动试验前,必须确认是否有危及试车安全情况:安全防护员是否到位,试车道是否停有车辆,是否有其他车辆同时进行试车,试车道是否有积水、泥沙等。

(6) 引车员在得到安全防护员准予试车的示意后,方可进行道路制动试验。

(7) 加速路段:引车员在加速路段应尽快把车辆加速到试验车速(小车 50km/h、大车 30km/h)。

(8) 制动路段:制动路段地面划有大、小车试车道,引车员驾车进入制动路段前,要把车辆对准相应的试车道中心线,车辆进入制动路段后,引车员迅速踩下制动踏板进行道路试验。

如在加速路段试验车的车速不能加速到试验车速,进入制动路段后车速没有达到试验车速的,严禁继续加速,必须及时踩下制动踏板,中止道路制动性能试验,以确保试车安全。

如在加速路段试验车的车速达到试验车速,进入制动路段后,引车员必须及时踩下制动踏板,进行道路制动性能试验。

(9) 如在制动路段突然制动失效、失灵时,引车员应保持冷静,立即采取果断应急措施,在制动路段和缓冲路段把汽车减速停车,以避免事故的发生。

(10) 缓冲路段:是车辆制动试验的缓冲区,是防止制动路段试验车辆万一制动失效的安全保障措施。缓冲路段的长度按《机动车运行安全运行技术条件》(GB 7258—2012)中关于汽车应急制动力的要求设置的(缓冲路段的距离必须大于座位 9 座以下载客汽车 50km/h 制动初速度应急制动的制动距离 38m)。严禁引车员在缓冲路段继续加速和进行制动试验。

(11) 本站大、小试车道并列,严禁大、小试车道同时试车;试车道上车辆未离开时,禁止试车。

(12) 试车道终点与其他车道相交,引车员试车结束后如果驾车接近终点时必须鸣笛,注意避让来车,注意安全行车。

(13) 检测站指定专职安全防护员在现场进行防护,以保证试车安全。检测驾驶员必须在安全防护员(任专职检测员)和监督人员在场的情况下,进行道路制动性能试验,严禁检测驾驶员在无人防护和监督的情况下进行道路制动性能试验。

(14) ABS制动的车辆道路试验时,应确认防抱系统指示灯工作正常(通电无故障时指示灯应亮,车速达到10km/h时指示灯应自动熄灭)。车速达到40km/h时,急踩制动,防抱系统直接控制的车轮不应抱死,车辆任何部分不许超出试验通道。

(15) 驻车制动性能检验。将车辆驶上坡度为20%(总质量为整备质量的1.2倍以下的车辆为15%),附着系数不小于0.7(混凝土或沥青路面)的坡道上,按正反两个方向保持固定不动,其时间不少于5min,检验车辆的驻车制动是否符合要求。

在规定的测试状态下,机动车使用驻车制动装置能停在坡度值更大且附着力符合要求的试验坡道上时,应视为达到了驻车制动性能检验的要求。

(16) 车速表检验。对全时四驱车辆、具有驱动防滑控制功能的车辆等无法上线检验车速表指示误差的车辆,可采用第五轮仪等仪器进行路试检验。表9-1为道路试验原始记录。

道路试验原始记录 表9-1

车辆号牌		厂牌		车型类型		燃料	
发动机号码		制动类型		驱动形式		灯制	
车架(或VIN)号码		载质量(或座位数)		功率		气候	
				检测类别		检测日期	
道路试验理由	a) 装有易燃、易爆和危险物品的车辆; b) 送检车辆单轴轴荷超过10t的; c) 超高车辆; d) 制动、转向失效,严重漏水、漏油或行驶困难的车辆; e) 车牌号、车型等项目与申报单填写不符的; f) 轮胎气压明显不符的					签章:	
外观检查不合格项						签章:	
底盘动态检验不合格项						签章:	
地沟检查不合格项						签章:	
制动性能检验记录	1. 制动距离: 2. 制动稳定性: 3. $MFDD(m/s^2)$:			协调时间		签章:	
整车判定/总不合格次数						签章:	
道路试验批准人意见: 年 月 日		引车员: 年 月 日			批准人(授权签字人): 年 月 日		

二 任务实施

1 准备工作

(1) 送检机动车应停放在指定位置,发动机停转。

(2) 检查实训室通风系统设备工作是否正常。

(3) 准备检查时所用的设备和工具:长度测量工具(钢卷尺、钢直尺等)、铅锤、照明器具及称重设备以及车辆挡块、前格栅布、翼子板布、三件套等用具。

2 技术要求与注意事项

(1) 路试制动性能检验应在纵向坡度不大于1%、轮胎与地面间的附着系数不小于0.7的硬实、清洁、干燥的水泥或沥青路面上进行。检验时车辆变速器应置于空挡。

(2) 对于无法上制动检验台检验的车辆及经台架检验后对其制动性能有质疑的车辆,用制动距离或者充分发出的平均减速度和制动协调时间判定制动性能。必要时应安装踏板力计,检查达到规定制动效能时的制动踏板力是否符合标准。

(3) 在试验路面上,按照 GB 7258 划出规定的试车道的边线,被测车辆沿着试车道的中线行驶。使用便携式制动性能测试仪进行测试时,行驶至规定初速度后,置变速器于空挡,急踩制动,使车辆停止,测量充分发出的平均减速度($MFDD$)和制动协调时间,并检查车辆有无驶出车道边线;当使用第五轮仪或非接触式速度仪进行测试时,行驶至高于规定的初速度后,置变速器于空挡,滑行到规定的初速度时,急踩制动踏板,使车辆停止,测量车辆的制动距离和检查车辆有无驶出车道边线。

(4) 对已在制动检验台上检验过的车辆,制动力平衡及前轴制动率符合要求,但整车制动率未达到合格要求时,用便携式制动性能测试仪检测,对于乘用车及其他它总质量不大于4500kg 的汽车的制动初速度应不低于30km/h,对于其他它汽车、汽车列车及无轨电车,制动初速度应不低于20km/h,急踩制动后测取 $MFDD$ 及制动协调时间。

3 操作步骤

1) 使用便携式制动性能测试仪进行测试

(1) 将制动触点开关安装在制动踏板上,与主机连接。

(2) 安装好加速度传感器,并调整至水平位置,与主机连接。

(3) 设置好车牌号码、车型等参数,操作仪器进入制动测试状态。

(4) 被检车辆起步,沿试车道的中线加速行驶至规定的制动初速度后,置变速器于空挡,急踩制动踏板,使车辆停止,测量出充分发出的平均减速度($MFDD$)和制动协调时间。但对于已在制动检验台上检验过的车辆,制动力平衡及前轴制动率符合要求,但整车制动率未达到合格要求时,用便携式制动性能测试仪检测,对于乘用车及其他总质量不大于4500kg 的汽车的制动初速度应不低于30km/h,对于其他汽车、汽车列车及无轨电车,制动初速度应不低于20km/h,急踩制动后测取 $MFDD$ 及制动协调时间。

(5) 将测试结果打印输出,或用无线方式传送到检测线计算机系统,并检查车辆有无驶出试验通道边线。

(6)合格要求。

汽车、汽车列车在规定的初速度下急踩制动踏板时充分发出的平均减速度及制动稳定性要求应符合表9-2规定,且制动协调时间对液压制动的汽车不应大于0.35s,对气压制动的汽车不应大于0.6s,对汽车列车、铰接客车和铰接式无轨电车不应大于0.8s。对空载检验的充分发了的平均减速度有质疑时,可用表中规定的满载检验充分发出的平均减速度进行。

路试检验充分发出的平均减速度及制动稳定性要求　　　　表9-2

机动车类型	制动初速度(km/h)	满载检验充分发出的平均减速度(m/s²)	空载检验充分出出的平均减速度(m/s²)	试验通道宽度(m)
三轮汽车	20	≥3.8		2.5
乘用车	50	≥5.9	≥6.2	2.5
总质量不大于3500kg的低速货车	30	≥5.2	≥5.6	2.5
其他总质量不大于3500kg的汽车	50	≥5.4	≥5.8	2.5
其他汽车、汽车列车	30	≥5.0	≥5.4	3.0

充分发出的平均减速度 MFDD 定义为:

$$MFDD = \frac{V_b^2 - V_e^2}{25.92(S_e - S_b)}$$

式中:$MFDD$——充分发出的平均减速度,m/s^2;

V_b——$0.8 V_0$,试验车速,km/h;

V_e——$0.1 V_0$,试验车速,km/h;

V_0——试验车制动初速度,km/h;

S_b——试验车速为 V_0 到 V_b 之间车辆行驶的距离,m;

S_e——试验车速为 V_0 到 V_e 之间车辆行驶的距离,m。

制动协调时间:是指在急踩制动时,从脚接触制动踏板(或手触制动手柄)时起至机动车减速度(或制动力)达到表9-2规定的机动车充分发出的平均减速度(或 GB 7258 规定的制动力)的75%时所需时间。

2)使用非接触式速度仪进行测试

(1)将前进方向位移传感受器安装到车身上,调整到规定的离地高度,与主机连接。

(2)将该仪器原车速显示器安装在驾驶员便于观察的位置。

(3)将制动触点开关安装在制动踏板上,与主机连接。

(4)操作仪器,选择制动测试的模式并进入测试状态。

(5)被检车辆起步,沿试车道的中线加速行驶至略高于规定的制动初速度后,置变速器于空挡,滑行到规定初速度时,急踩制动踏板,使车辆停止,读取速度仪测得的车辆的制动初速度和制动距离,并检查车辆有无驶出试验通道边线。

试验中应注意:若试验时的制动初速度与规定的制动初速度偏离超过±2km/h,此次

试验结果无效,应重新试验。若制动初速度偏差不大于 ±2km/h,则应按以下公式对测得的制动距离进行校正:

$$S_0 = \left(\frac{V_0}{V_e}\right)^2 \cdot S_e$$

式中:S_0——规定制动初速度时的制动距离,m;

　　　V_0——规定的制动初速度,km/h;

　　　V_e——实际试验时的制动初速度,km/h;

　　　S_e——实际试验时的制动距离,m。

3)合格要求

机动车在规定的制动初速度下的制动距离和制动稳定性要求应符合表 9-3 的规定。对空载检验的制动距离有质疑时,可用表中规定的满载检验制动距离要求进行。

路试检验制动距离及制动稳定性要求　　　　表 9-3

机动车类型	制动初速度（km/h）	满载检验制动距离要求（m）	空载检验制动距离要求（m）	试验通道宽度（m）
三轮汽车	20	≤5.0		2.5
乘用车	50	≤20.0	≤19.0	2.5
总质量不大于 3500kg 的低速货车	30	≤9.0	≤8.0	2.5
其他总质量不大于 3500kg 的汽车	50	≤22.0	≤21.0	2.5
其他汽车、汽车列车	30	≤10.0	≤9.0	3.0
两轮摩托	30	≤7.0		—
边三轮摩托车	30	≤8.0		2.5
正三轮摩托车	30	≤7.5		2.3
轻便摩托车	20	≤4.0		—
轮式拖拉机运输机组	20	≤6.5	≤6.0	3.0
手扶变型运输机	20	≤6.5		2.3

三　学习拓展

1　路试坡道

应当具备坡度分别为 15% 和 20% 的驻车坡道各一个,坡道的长度应当比承检车型的最大轴距长 1m,宽度应当比承检车型的最大宽度宽 1m,坡道路面附着系数应当不小于 0.7。摩托车检验不要求。驻车坡道坡度的计算举例如:水平方向的长度 10m,坡道最高点离地 2m,则坡度为 20%。

2　被检车辆

对无法台试的车辆与对线内检验结果有质疑车辆进行驻车坡道试验。

3 车速表指示误差检验

对无法在车速表检验台上检验的车辆,可采用非接触式速度仪或第五轮仪进行路试检验,以非接触式速度仪或第五轮仪的车速显示作为标准值同被检车辆的车速表进行对比。

非接触式速度仪和第五轮仪的使用方法同路试行车制动性能测试。

四 评价与反馈

1 自我评价

(1)通过本学习任务的学习你是否已经知道以下问题:
①车辆在路试检验过程中包括哪些项目?_____。
②在车辆路试检验中应注意哪些问题?_____。
(2)在车辆路试检验过程中用到了哪些设备?
_____。
(3)实训过程完成情况如何?
_____。
(4)通过本学习任务的学习,你认为自己的知识和技能还有哪些欠缺?
_____。

签名:_____ ____年____月____日

2 小组评价(表9-4)

小组评价表 表9-4

序号	评价项目	评价情况
1	着装是否符合要求	
2	是否能合理规范地使用仪器和设备	
3	是否按照安全和规范的流程操作	
4	是否遵守学习、实训场地的规章制度	
5	是否能保持学习、实训场地整洁	
6	团结协作情况	

参与评价的同学签名:_____ ____年____月____日

3 教师评价

_____
_____。

教师签名:_____ ____年____月____日

五 技能考核标准

考核的方式建议用每个人独立完成学习领域中的实训任务,培养学生独立自主完成任务的能力。实训任务综合性较强,可以根据学生完成实训任务的情况评价整个学习领域的学习效果。表9-5为技能考核标准。

技能考核标准表 表9-5

序号	项目	操作内容	规定分	评分标准	得分
1	便携式制动性能测试仪进行测试	将制动触点开关安装在制动踏板	10分	制动触点安装不正确,此项不得分	
2		调整至水平位置	10分	调整水平不到位,此项不得分	
3		设置好车牌号码、车型等参数,操作仪器进入制动测试状态	10分	参数输入一项错误扣5分,扣完为止	
4		测量出充分发出的平均减速度($MFDD$)和制动协调时间	10分	测试不规范扣5分,记录错误此项不得分	
5		将测试结果打印输出,并检查车辆有无驶出试验通道边线	10分	结果记录错误,此项不得分	
6	非接触式速度仪进行测试	将前进方向位移传感器安装到车身上,调整到规定的离地高度	10分	调节没达到规定高度,此项不得分	
7		将该仪器原车速显示器安装在驾驶员便于观察的位置	10分	安装到位可靠,此项及得分	
8		将制动触点开关安装在制动踏板上	10分	安装到位可靠,此项及得分	
9		操作仪器,选择制动测试的模式并进入测试状态	10分	界面进入错误,此项不得分	
10		读取速度仪测得的车辆的制动初速度和制动距离	10分	结果记录错误此项不得分	
		总分	100分		

项目四 维修检测

学习任务10 车轮动平衡检测

学习目标

知识目标

掌握汽车轮胎动平衡的理论知识。

技能目标

1. 能完成汽车轮胎动平衡的操作流程。
2. 能完成对车轮不平衡的诊断和调整。

建议课时

4课时。

一辆普通轿车,低速行驶时车辆无异常,超过80km/h时,转向盘抖动严重,发现轮胎磨损严重,检查悬架未发现明显异常,此时需要对轮胎进行轮胎动平衡检验。

一 理论知识准备

回转体在旋转不平衡时,其上每个微小质点产生的离心惯性力不能相互抵消,离心惯性力通过轴承作用到机械及其基础上,引起振动,产生了噪音,加速轴承磨损,缩短了机械寿命,严重时能造成破坏性事故。为此,必须对转子进行平衡,使其达到允许的平衡精度等级,或使因此产生的机械振动幅度降在允许的范围内。

汽车的车轮是由轮胎轮毂组成的一个整体。由于制造过程中,不可能使这个整体各部分的质量分布非常均匀,当汽车车轮高速旋转起来后,就会形成动态不平衡,造成车辆在行驶中车轮抖动转向盘振动的现象,为了避免这种现象或是消除已经发生的这种现象,就要使车轮在动态情况下通过增加配重的方法,使车轮校正各边缘部分的平衡。

车辆平衡的目的:减小惯性力和惯性力矩的影响,改善机构的工作性能。

静态不平衡时,只需在一个平面内加减质量即可平衡。动态不平衡时,需要在两个面进行加减质量保证平衡。动平衡原理:预先选定两个平面,根据力系等效原理,分别向两平面分解,然后在两平面内作平衡,则惯性力和惯性力矩都得到平衡。两平面称为平衡面。选平衡面有两个特点:①结构上有允许加重或去重的端面;②两平衡面间距离越大,力矩平衡效果越好。

根据使用要求,能做动平衡的,则不需要做静动平衡回转体的质量分布不均匀(即偏心)测试。

车轮不平衡的危害将会引起车轮上下跳动和横向振摆。这不仅影响了汽车的行驶平顺性、乘坐舒适性和操纵稳定性,使车辆难以控制,而且也影响了汽车行驶的安全性。此外,还因加剧了轮胎及有关机件的磨损和冲击,缩短了汽车使用寿命,增加了汽车运输成本。如图10-1和图10-2为轮胎平衡仪。

图10-1 带屏显式轮胎动平衡仪

图10-2 点屏式汽车轮胎平衡仪

二 任务实施

(一)汽车轮胎动平衡检测

1 准备工作

准备轮胎动平衡仪,轮胎,安装和拆卸平衡块专用工具等教学用具。

2 技术要求与注意事项

(1)在轮胎动平衡检测之前,先清除轮胎花纹中的杂物,以免影响检测结果。

(2)在轮胎动平衡检测之前,确保轮胎气压处于规定状态。

(3)在轮胎动平衡检测之前,确保轮胎动平衡检测设备精度符合要求。

(4)在检测时,要确保固定轮毂卡具安装可靠到位。

(5)确保输入正确的轮胎信息和轮辋规格选择,以免影响检测数据。

(6）轮胎动平衡差值不应高于5g。

(7）明确铝制轮毂和钢制轮毂在使用配重块材料和固定位置的不同。

(8）在轮胎动平衡检查后，再一次无负载运转轮胎动平衡机，保障轮胎动平衡仪内外数值在规定范围内。

3 操作步骤

(1）轮胎检测前检查。清洁轮胎外表面和轮辋；外观检查，是否有明显损伤；胎纹深度检查；轮胎压力检查，如图10-3；拆卸汽车轮胎标志。

(2）检查轮胎动平衡仪动态是否平衡。明确轮辋尺寸；选择合适的轮辋固定装置；让轮胎动平衡带轮辋固定装置空转，检查轮胎动平衡仪本身是否动态平衡，如图10-4所示。

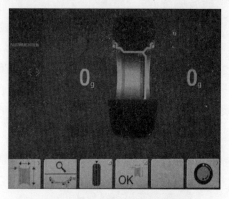

图10-3　轮胎胎压检查　　　　　　　图10-4　轮胎动平衡仪使用前检查

(3）第一次检查轮胎是否处于平衡，记录偏差值。输入测量轮胎动平衡数据（动平衡机到轮毂间距离、轮毂宽度、轮毂尺寸）。操作时，轮胎处于旋转状态，注意安全保障。一般情况下，将防护罩盖下时，轮胎动平衡仪会自动旋转，图10-5为轮胎原始动平衡状态。

注意：在第一次检查汽车轮胎动平衡检查时，如果偏差数值太大（超过70g），重新安装检测，防止因为安装问题导致检测偏差。

(4）取下轮胎，拆卸平衡块。在重新做轮胎动平衡时，一定要拆卸所有平衡块，避免影响第二次轮胎动平衡检测，图10-6为轮胎平衡块拆装专用工具。

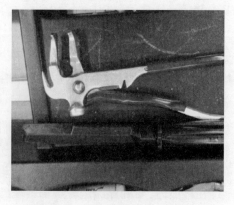

图10-5　轮胎原始动平衡状态　　　　　图10-6　轮胎平衡块拆装专用工具

项目四　维修检测

(5) 第二次检查未配重轮胎是否平衡,记录偏差值。如果轮胎测量偏差值太大(大于70g),重新安装检测,防止因安装产生的偏差。如果在安装可靠的情况下,轮胎动态偏差数值太大(大于70g),确认轮辋和轮胎是否安装到位或者重新安装轮胎,如果轮辋或轮胎出现大的变形,无法校正,更换轮胎,图10-7为轮胎未配重时的动平衡状态。

(6) 根据轮胎动平衡仪提示对轮胎进行配重。

在轮胎配重时,要明确配重位置。抬起车轮防护罩,用手按箭头方向慢慢转动车轮。当指示装置出现两相对箭头时停止转动。在轮辋的内侧或外侧的上部(时钟12点位置)加装指示装置显示的该侧平衡块质量。内、外侧要分别进行,平衡块装卡要牢固。

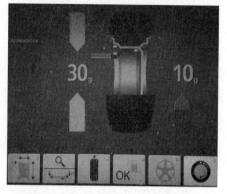

图10-7　轮胎未配重时的动平衡状态

明确钢制轮胎和铝制轮胎配重位置和配重大小的区别。

铁制配重块不能采用直接固定在铝制轮毂边缘,铁制配重易损坏铝制轮毂边缘,铝铁接触也易发生化学腐蚀。

铝制轮毂一般采用粘贴的方式(图10-8),不采用挂钩的方式(图10-9),以防损坏铝制轮毂。

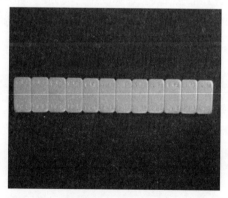

图10-8　粘贴式平衡块

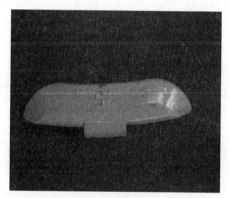

图10-9　挂钩式平衡块

三　学习拓展

轮胎上都有一个红点和黄点,红点是实心的,黄点是空心的。在新轮胎安装时,注意实心红点是轮胎纵向刚性最大的位置,实心红点是轮胎在转动一圈时振动最大的点,振动值过大时轮胎会产生振动。轮胎是汽车上最佳的避振零件之一。轮胎在地面上旋转一周时,它每一个角度所承受的振动力是不相等的,这种现象称为RFV(Radialforce-Variation),当RFV数值过大时,轮胎就会产生振动,影响行驶舒适性。空心的黄点,又称为轻点标记,表示的是该部位是这条轮胎全圆周上最轻的地方。轮胎是由三个部分组成的,即:轮胎、轮毂和气门嘴,因轮毂上要"长"出气门嘴,所以轮毂上有气门嘴的位置，便会是这个轮毂全圆周上最重的点，而将轮毂上最重的点如果正对着轮胎上最轻的点（空心黄点处），就会起到一个互补的作用，便会使轮胎更趋于平衡。所以，轮胎在安装时正确的方法是应将气门嘴正对着这个空心黄点，才能使车轮在行驶中保持最佳平衡。

有方向标志的花纹应按标志方向安装。有的轮胎花纹从特殊需要角度考虑在设计时是有方向或不对称的，这时应严格按方向标志安装，否则会给行驶带来麻烦，如操控性能下降、制动性能下降、排水功能下降等等。安装对称花纹的轮胎时要将镌有 DOT 标志的胎侧朝向外面，而当安装不对称花纹的轮胎时，如出现了 DOT 和花纹的方向矛盾时，首先要考虑的是花纹的方向（有的厂家在解决这个问题时胎侧两边都有 DOT）。

充气的正确方法。每条轮胎上都标有该条轮胎的气压值，正确的气压值应为该条轮胎标准值的 80%～100%（在这里需要说明的一点是，轮胎的气压值应以轮胎的标准为准而不应以你所驾车辆所要求的气压值为准），而当你打算将气压定为 80% 时，也不要直接把气压打到你所要的值就停止，正确的充气方法是在安装轮胎时应将气压充到该条轮胎所规定值的 100% 或略超过 100%，然后在将气压放到你所要求的气压值。这样既可使轮胎胎唇和轮毂充分咬合，同时也对轮胎在上路前对轮胎的检验。

严格的动平衡，应该先把轮胎套在轮毂上，把空心黄圈放在轮毂气门嘴的同侧重叠，然后打气，在不贴配重块的前提下，上动平衡机检测，然后再放掉部分空气，旋转轮胎，使黄圈稍微偏离气门嘴，再打足气，再上动平衡机，确认黄圈的最佳位置。在不贴配重块的前提下，做到最小的动平衡偏差，然后再贴配重块，达到 100% 的平衡，这样可以使轮子上的配重块最少，4 轮的重量偏差最小。

在以下情况下，轮胎需要做轮胎动平衡：在轮胎加装了胎压监测装置后、在更换了轮胎后、在轮胎行驶了较长时间后要做轮胎动平衡和车轮受过大的冲击等。

四 评价与反馈

1 自我评价

(1) 通过本学习任务的学习你是否已经知道以下问题：
① 汽车轮胎如果不平衡会出现什么故障现象？＿＿＿＿＿＿＿＿＿＿＿＿＿＿＿＿＿＿。
② 在汽车轮胎动平衡检测中应注意哪些问题？＿＿＿＿＿＿＿＿＿＿＿＿＿＿＿＿＿＿。
(2) 在汽车轮胎动平衡检测操作过程中用到了哪些设备？

＿＿＿＿＿＿＿＿＿＿＿＿＿＿＿＿＿＿＿＿＿＿＿＿＿＿＿＿＿＿＿＿＿＿＿＿＿＿＿。

(3) 实训过程完成情况如何？

＿＿＿＿＿＿＿＿＿＿＿＿＿＿＿＿＿＿＿＿＿＿＿＿＿＿＿＿＿＿＿＿＿＿＿＿＿＿＿。

(4) 通过本学习任务的学习，你认为自己的知识和技能还有哪些欠缺？

＿＿＿＿＿＿＿＿＿＿＿＿＿＿＿＿＿＿＿＿＿＿＿＿＿＿＿＿＿＿＿＿＿＿＿＿＿＿＿。

签名：＿＿＿＿＿＿＿　　＿＿＿年＿＿＿月＿＿＿日

❷ 小组评价（表10-1）

小组评价表 表10-1

序号	评价项目	评价情况
1	着装是否符合要求	
2	是否能合理规范地使用仪器和设备	
3	是否按照安全和规范的流程操作	
4	是否遵守学习、实训场地的规章制度	
5	是否能保持学习、实训场地整洁	
6	团结协作情况	

参与评价的同学签名：_____　　　____年___月___日

❸ 教师评价

_____

教师签名：_____　　　　____年___月___日

五　技能考核标准

考核的方式建议用每个人独立完成学习领域中的实训任务，培养学生独立自主完成任务的能力。实训任务综合性较强，可以根据学生完成实训任务的情况评价整个学习领域的学习效果。表10-2 为技能考核标准。

技能考核标准表 表10-2

项目	序号	操作内容	规定分	评分标准	得分
汽车轮胎动平衡检测流程	1	记录轮胎铭牌信息	5分	记录信息是否全面，缺少一个必要信息，此项不得分	
	2	清洁轮胎外表面和轮辋	5分	没有清洁检查动作此项不得分	
	3	外观检查，是否有明显损伤	7分	没有检查动作或者给出的结论不正确此项不得分	
	4	胎纹深度检查	7分	没有检查动作或者给出的结论不正确此项不得分	
	5	轮胎压力检查	7分	没有检查动作或者给出的结论不正确此项不得分	
	6	明确轮辋尺寸	5分	记录轮辋尺寸错误此项不得分	
	7	选择合适的轮辋固定装置	5分	选择的固定装置不合适此项不得分	
	8	检查轮胎动平衡仪器的精准度	5分	没有操作此项内容不得分	
	9	正确地输入测量轮胎动平衡数据（动平衡机到轮毂间距离、轮毂宽度、轮毂尺寸）	7分	输入数据不正确一项扣3分，扣完为止	

续上表

项目	序号	操作内容	规定分	评分标准	得分
汽车轮胎动平衡检测流程	10	取下轮胎,拆卸平衡块	5分	操作时不能对轮胎造成损失,否则此项不得分	
	11	将轮胎可靠地安装到轮胎动平衡仪上	10分	安装不到位此项不得分	
	12	记录偏差值	5分	数据记录错误一个扣3分,扣完为止	
	13	轮胎配重时,配重位置选择合适	10分	选择正确的配重位置,错误选择一次扣5分,扣完为止	
	14	根据钢制和铝制轮毂能选择合适的配重块	10分	选择合适的配重块,错误选择一次扣5分,扣完为止	
	15	第三次复检轮胎是否处于动平衡	7分	此项没有操作不得分	
		总分	100分		

学习任务11　四轮定位检测

学习目标

知识目标

1. 掌握汽车四轮定位的专业术语；
2. 掌握汽车四轮定位的理论知识；
3. 掌握汽车四轮定位的检测标准。

技能目标

1. 能完成四轮定位检测流程；
2. 能完成四轮定位异常数据分析诊断。

建议课时

12课时。

任务描述

小明同学家的汽车行驶里程为10万千米,已更换两次轮胎的紧凑型轿车。再次更换轮胎后,出现转向噪声或轮胎磨损严重。进行外观检查,胎压正常,钢圈未发现明显变形。此时需要汽车四轮定位检查。

一 理论知识准备

(一)汽车检测站实际工作情况描述

四轮定位检测前:检测前应该将车辆平稳开至检测台,确定车轮处于转角盘正中位置。首先对汽车的轮胎型号、胎压、车辆的载荷情况进行检查,然后检查车辆底盘各个部件是否松旷、变形、损坏。只有当上述参数都正常后,进行四轮定位才有意义。

定位前检测完成后是卡具、传感器的检查与安装,然后遵照电脑屏幕指示一步步完成偏心补偿、调整前检测、调整、调整后检测、报告分析。

(二)汽车四轮定位

汽车是现代道路交通中的主要元素之一,汽车技术状况的好坏直接影响道路交通安全。相对于以前,人们开始更为关注汽车的行驶稳定性、安全性及乘坐的舒适性。特别是高速行驶时汽车的稳定性和安全性是人们购车所关注的焦点。

定期给汽车做四轮定位,可以延长轮胎使用寿命。汽车做完四轮定位,保持轮胎与车体的最佳角度,在提高抓地力的同时舒适性也得到了保证。如果车辆没有进行四轮定位而发生异常现象,不但对安全性有较大的影响,而且轮胎的寿命会大大降低。经过四轮定位调整后,驾驶操控性就可以得到相应的保证。尤其遇到紧急情况,轮胎足够的抓地力可以尽可能的按照驾驶员的行车轨迹行驶,当然燃油消耗也会随之减少,而且安全性也会大大提高。

1 车轮位置和角度

车轮位置和角度对车辆的直线行驶、转向以及轮胎的磨损有着决定性的意义,受车轮位置和角度的影响,转向行驶时会有三种情况:

(1)转向不足。表现为车辆需要更多的转向轮角度来保持所需行进线路,转向不足是前轮轮胎与地面接触面的偏滑角建立速度大于后轮轮胎与地面接触面的偏滑角建立速度造成的。

(2)转向过度。表现为车辆需要减少转向轮角度来保持所需行进线路,即车体扭转角度大于转向轮角度。

(3)中间状态。最为理想的状态,但车辆多处于"转向不足"与"转向过度"状态。

2 轮胎磨损与四轮定位的关系

驾驶员有时抱怨在低速行驶时,轮胎会发出刺耳的噪音,此时有可能需要进行四轮定位测量,不仅要测量前束和外倾角,还要测量转向时负前束和主销后倾角,一个超出公差范围的前束将导致不规则的车胎噪声。

车辆行驶时前束和外倾角总是在外部因素的影响下不规则的变化,例如路边的石头和凹坑。特别是,这些引起车轮跳动的原因易于导致车胎底部的断裂。一些车胎表面出现局部隆起就是这个原因。外倾角负向过大会导致车胎内缘的磨损加快。尤其是对于外倾角随汽车负载变化较大的汽车,应在负重行驶前,加固弹簧。这样不仅使行驶性能得到改善,而且车胎磨损也会变得均匀。高速转向造成转向不足(前置牵引)的汽车,也经常磨损车胎内缘。往往转向不足时偏移的前轴支架会发出很大噪声,而且在转向加速时向一边歪。

车轮的前束调整错误也能使车胎受到刮擦。滚动面显示了车胎凹槽上的明显的横纹(图11-1),外倾角的调整错误会导致车胎单侧损坏(图11-2);造成车胎上波纹状或块状斑痕的原因是:车轮支架弹簧装置或转向装置结构损坏,使车轮打滑,这主要是机械部分出了问题。过压使用(胎压太高)会使轮胎中部表面磨损更快,欠压使轮胎两侧磨损快(图11-3)。

图11-1　车轮横纹　　　　　图11-2　车轮单侧磨损　　　　　图11-3　车轮两侧磨损

❸ 运用四轮定位仪的注意事项

(1)车身检查注意事项。在进行四轮定位之前,要先检查车身高度,前轴附近的车身高度和后轴附近的车身高度一般是不一样的。但无论是前轴附近还是后轴附近,车身高度左右的高度差都不应超过十几毫米,否则易使弹簧疲劳甚至断裂,并有跑偏现象。测量左右高度差时,一般是测量沿通过车轮转动中心的铅垂线上从车轮转动中心到车眉边缘的距离,或前后门槛下面车身裙部到地面的距离,或下摆臂缓冲胶顶部到悬架止动点之间的距离等,可根据不同车型结构采用不同的方法。若距离差别太大,能调整的则先进行调整,不能调整的则检查悬架系统弹性元件,必要时进行更换。

(2)发动机检查注意事项。发动机总成和车架一般是通过缓冲胶弹性连接的,这是为了消除在汽车行驶过程中车架的扭转变形对发动机的影响,以及减少传给底盘和乘员的振动和噪声。若缓冲胶开裂,则起步或换挡的过程中会感觉车身有振动感,应加以注意。

一般而言,根据受力情况的差异,横置发动机的前后缓冲胶易开裂,而纵置发动机的左右缓冲胶易开裂。

(3)底盘各系统检查注意事项。转向盘摆正与前轮摆正的区别转向盘摆正指转向盘横向与仪表盘下边缘保持平行的状态,前轮摆正是指前轮左右单独前束相等的状态。一般而言,汽车在不跑偏的情况下,保持直线行驶时,左右前轮的单独前束总是处于相等的状态,此时转向盘也是摆正的。若此时转向盘歪斜,则称为转向盘不正故障。行驶跑偏故障汽车在平直良好的路面上,驾驶员松握转向盘以 80~100km/h 的车速直线行驶 100m 左右,直线行驶方向向左或向右偏离在 2m 内,则视为汽车直行性良好,否则视为汽车行驶跑偏故障。

(4)传动系检查注意事项。传动轴动平衡问题:传动轴在高速旋转时,任何质量的偏移都会导致剧烈的振动。传动轴与万向节组装后都要进行动平衡。经过动平衡的传动轴总成两端一般都点焊有平衡片,在拆装时要注意在传动轴和万向节上做好正记号。传动轴或半轴因碰撞或其他原因导致变形或弯曲,则会造成汽车速度为 100km/h 左右时车身振抖。万向节和传动轴连接处间隙过大,则会造成起步或制动时,车身振抖并发出异响。

(5)制动系检查注意事项。若某个制动钳或制动蹄回位不良,会造成行驶跑偏。当前轮两个制动分泵和车架制动管路相连接的制动软管老化疲劳不一时,就会造成车辆制动时行驶跑偏。当两前轮制动盘加工不良造成横向跳动量过大时,则会造成制动时转向盘左右摇摆,制动踏板有振动感。

(6)行驶系检查注意事项。事故车或经常在坏路面上行驶的车或比较老旧的车的车架可能变形,这样会造成原本四个车轮构成矩形或等腰梯形的情况变成为不规则的形状,为行驶跑偏和轮胎偏磨损留下隐患。车轴前移或后移同样会造成四个车轮构成不规则的形状,也会造成行驶跑偏和轮胎偏磨损。和传动轴一样,车轮的动平衡也很重要,特别是以 100km/h 左右的速度行驶时,若前轮动不平衡,则会造成转向盘振抖,四轮动不平衡则会造成车身振抖。

(7)汽车悬架检查注意事项。汽车悬架系统中,弹性元件的老化、疲劳、损伤、屈服变形会造成左右车身高度不一致,为行驶跑偏和其他故障埋下隐患。减振器漏油、失效等会引起弹性元件早期损坏,造成异响、舒适性降低等。导向机构长期经受撞击、高速冲击等,工作条件比较恶劣,易引起导向机构向后变形,从而引起车轴不平行,最终导致轮胎偏磨损和行驶跑偏。这也是造成左右两前车轮主销后倾角相差过大的主要原因,从而造成行驶跑偏严重。横向稳定器是弹性元件的辅助元件,主要作用是减少高速转弯时的横向偏摆和横向角振动。注意检查个胶套是否失效,若失效易引起路面上轮胎抓地力减弱,车身振抖严重等故障。

(三)汽车四轮定位过程中的术语和定义

轴距是指前轴中心到后轴中心的距离,对多轴汽车其轴距也是指最前轴到最后轴的距离(图11-4)。长的轴距使底盘空间更大,驾驶更舒适并减小振动带来的倾斜;短的轴距使转弯半径缩小,操控更灵活。

轮距是指左右轮胎中心之间的距离,对于双轮胎是

图11-4 轴距

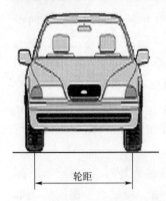

图 11-5 轮距

指从一对轮的中间到另一对轮之间的距离(图 11-5)。轮距大小对车辆转向驾驶有很大影响。宽的轮距能提高转向时的稳定性。车辆行驶时轮距并对能够横向和倾斜位移独立悬架,转向时弹簧的伸缩会使轮距宽度发生改变,这增大了滚动阻力和轮胎摩擦力。过大的轮距宽度变化会使汽车保持直线行驶性能变差,降低车辆的操控性。

一根轴上的总前束是由轴上左右两个车轮的单独前束角之和来计算的,实际初始测量值以角度为单位(图 11-6)。

外倾角是车轮中心平面与行驶平面在前进方向的垂直面之间夹角,当车轮顶部向外侧倾斜时为正,向内侧倾斜时为负,外倾角仅以角度为单位来表示(图 11-7)。

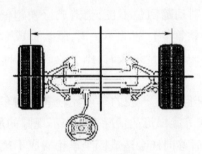

图 11-6 总前束

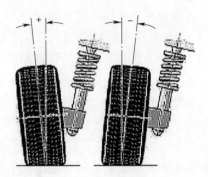

图 11-7 外倾角

前轮外倾角在转向系统位于中心位置时进行测量。

后轮外倾角在正前打直位置时进行测量。

主销内倾角均是指主销向内倾斜与铅垂线间的夹角,也就是主销轴线在横向垂面内的投影与地面垂线的夹角,如图 11-8 所示。

主销内倾角与车轮外倾角共同形成一个角度(又称作包容角),此角在弹簧伸缩时保持不变。内倾角在车辆转向时产生一个使车轮和转向盘回到正前位置的力矩。

主销后倾角为主销轴线在纵向垂面内的投影与地面垂线的夹角,如图 11-9 所示。当车轮与地面接触点在主销延长线与地面接触点后时,主销后倾角为正;当车轮与地面接触点在主销延长线与地面接触点前面时,主销后倾角为负。

车轮中心线是经过轮胎中心并且与车轮轴垂直的中心线。

车轮接触点是车轮中心线与车轮轴的交点。测量时,前轮的轮距是左前车轮接触点与右前车轮接触点之间的距离。后轮的轮距是左后车轮的接触点与右后车轮接触点之间的距离。

几何轴线又叫推力线,是后轴总前束的角平分线。图 11-10 所示为车轮定位点。

车轮中心对称面是汽车几何中心平面,它通过前后轴的轮距中点并且垂直于行驶平面(图 11-11)。而车辆中心线是把前轴左右车轮接触点连线的中点与后轴左右车轮接触点连线的中点相连接形成的车辆中线。显然,车辆中心线在车辆中心对称面之内并且与行驶平面平行。左右垫后轴前束决定了几何轴线也就是车辆行驶时的实际推力线,所以所有前轮的测量都应该对准几何轴线(推力线)。

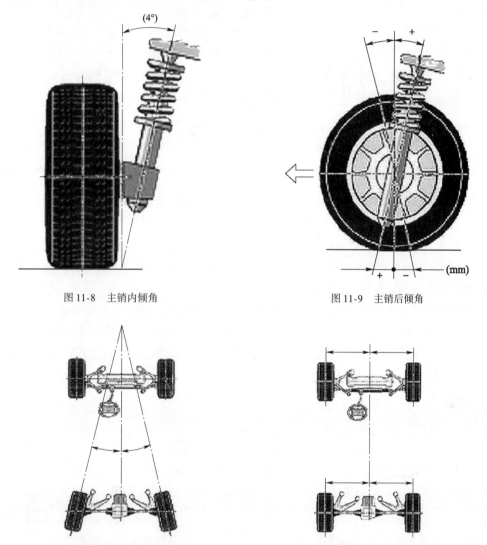

图 11-8 主销内倾角　　　　　　　　　图 11-9 主销后倾角

图 11-10 车轮定位点　　　　　　　　图 11-11 车轮中心对称面

负前束是指转向时内侧车轮相对外侧车轮的角度差(图 11-12)。操纵系统的构造使车轮角度差随转向角度的增长改变。转向时负前束表示当向左右转向时,转向梯形臂的工作方式。如果转向时的负前束正确,则左右方向转向效果相同。测量标准要求在曲线行驶内侧轮有 20°转角时,测量转向负前束值,测量时要包括前束测量。

前轴、转向节臂①和横拉杆一起组成转向梯形。它在转向时发生变化形成不同的转向角。直线行驶时,前束拉杆平行于前轴。转向时转向节③必须转向,这时前束杆不再平行于前轴,使得两个前束杆柄底端伸出长度不同,导致不同程度的转向,如图 11-13 所示。

最大总转角是向左、向右最大转向时,内侧车轮和外侧车轮中心线与汽车中心线间角度,如图 11-14 所示。

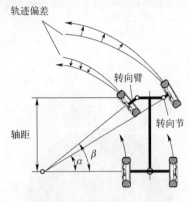
图 11-12 负前束

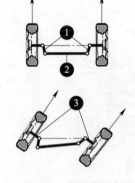
图 11-13 转向梯形臂

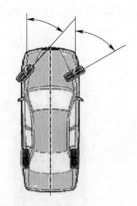
图 11-14 最大总转角

转向角是车轮中心线与行驶方向(车轮运动方向)的夹角。由于侧向阻力(如风力、离心力)会影响正在行驶的汽车,所以车轮要改变行驶方向:对原行驶方向偏移 α 角。当前后转向角一样时,行驶状态保持不变。如果转弯时由于梯形结构变形造成过实际转向角偏差过大,容易使前轮出现转向不足,或者后轮出现转向过度,导致安全性下降,轮胎过度磨损,如图 11-15 所示。

轮轴偏移角是指两个前轮(或后轮)左右车轮接触点的连接线,与垂直于几何轴线的直线间的夹角(图 11-16)。当右轮在左前方时此角度值为正,在左后方时此角度为负。

轮轴偏差是两前轮中点的连线与两后轮中点连线所形成的夹角。当右侧轴距大于左侧轴距时,此角度为正,反之为负,如图 11-17 所示。

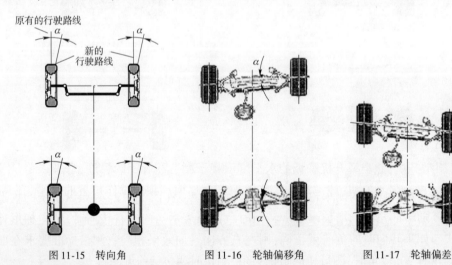

图 11-15 转向角　　　图 11-16 轮轴偏移角　　　图 11-17 轮轴偏差

横向偏位是指左轮迹线,右轮迹线,各自与几何轴线间夹角,如果后轮超出前轮,此角度为正。反之为负。车身损伤会引起左、右横向偏位相差较大。

左轮迹线,左前轮和左后轮各自与地接触点连线之间的连线。

右轮迹线,右前轮和右后轮各自与地接触点连线之间的连线,如图 11-18 所示。

轮迹宽度偏差是指左轮迹线与右轮迹线之间的夹角。当后部宽度超过前部宽度时,此角度为正。轮迹宽度偏差只能以角度单位测量,如图 11-19 所示。

轴偏位是轮迹宽度偏差角的平分线与车辆中心线的夹角,如果轴偏移到右侧,该角为正,如图 11-20 所示。

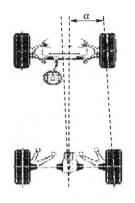 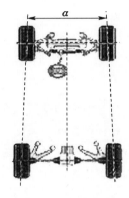 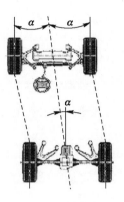

图 11-18　横向偏位　　　　图 11-19　轮迹宽度偏差　　　　图 11-20　轴偏位

(四)四轮定位的检测标准

1　前束失准造成的轮胎磨损比外倾角失准更严重

(1)车轮外倾的产生使两侧车轮有向外滚开的趋势,车轮将在地面上出现边滚动边打滑的现象,从而增加了轮胎的磨损。而单从车轮前束而言,它使两侧车轮有向内的趋势,车轮也会在地面上出现边滚边滑的现象,也会增加轮胎的磨损。

(2)车轮外倾的缺陷可以由前束的恰当配合来补偿。因外倾的向内外滚开趋势可用前束的向内滚进趋势来抵消,最终保证车轮在每一瞬间是滚动方向接近于正前方,以达到减低轮胎磨损及滚动阻力的目的。然而,不难理解,另一种情况是,当前束失准或外倾角失准时,将不能保证车轮在每一瞬间时滚动方向接近于正前方,这样会造成轮胎磨损及滚动阻力增大的不良现象。

2　举升机水平度对四轮定位测量精度的影响

(1)举升机对四轮定位精度有重要影响。举升机通常可以分为以下三类。

通用举升机,此类举升机平板的水平度依赖于制造和装配的精度,水平误差是 10mm 或更大;标准测量举升机,此类举升机能够保证在地面和预定工作位置的水平,在其他位置不能保持水平,标准测量举升机的误差 2mm 或更小;精密测量举升机,除了地面和举升位置的水平外,能够保证在第三位置的水平,误差小于 0.5mm。

(2)偏心补偿对定位也有重要影响。通过观察可以发现,探杆在工厂标定时相当于把探杆放在了车轮的旋转轴线上进行标定的。而在四轮定位的实际测量过程中,在车轮的旋转轴线和探杆间多出了钢圈和轮夹,因钢圈和轮夹偏差以及轮夹的安装错误,这样就会导致测量误差。为了最大限度地消除这种偏心造成的测量误差,在软件中设置了偏心补偿程序,但这个过程往往较为复杂,若钢圈变形不大,轮夹保存良好,基本上不用偏心补偿。

二 任务实施

1 准备工作

(1)将实训车辆停放在检测区域。

(2)检查实训室通风系统设备工作是否正常。

(3)准备四轮定位仪、车辆挡块、三件套、制动锁和转向盘锁等教学用具。

2 技术要求与注意事项

(1)测量用举升机必须满足精确地测量和调整汽车底盘的要求,并保证重复测量时的重复精度。因此汽车车轮各支撑点保持在同一高度是很重要的。这可用一个光学水准仪来检查。允许的高度偏差是左右车轮支撑平台之间最大高度差不超过1mm,前后之间和对角线之间最大高度差不超过2mm。

(2)对带有多转向前轴的车辆,例如部分宝马或奥迪A8车型,进行准确的汽车底盘测量时,所允许的高度偏差只有上述偏差的一半;测量系统的精确性也要求汽车的底盘测量的举升机在水平方向保持精确。它必须有三种工作高度可调,对角线误差是1 mm,横向是0.5mm,都必须是精确的。

3 操作步骤

(1)环车检查、车辆防护用品安装,如图11-21所示。

(2)准备工作——车辆停放检查,如图11-22所示。检查车辆是否停放周正,转角盘、滑板与车轮的相对位置是否合理,要求车轮在转角盘上必须能自由转向。

图11-21 防护用品安装

图11-22 车辆停放检查

(3)调整前检查——车辆参数抄写,包括车辆VIN码、轮胎气压等(图11-23)。

(4)调整前检查——轮胎检查包括轮胎气压、胎纹深度,如图11-24所示。

①将汽车驶上转角盘或后滑板上,置于板子中间。

②拉上驻车制动器,不让汽车滑动。

③检查车轮圈和车胎尺寸,每个轮胎尺寸是否相同,胎纹深度和标准胎压是否足够。

(5)调整前检查——转向检查,如图11-25所示。转向轮要能自由转动,无明显干涉和卡滞现象。

项目四 维修检测

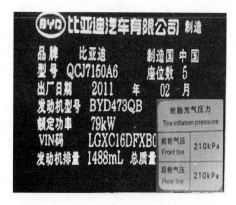

图 11-23 车辆铭牌信息及胎压

图 11-24 检测胎压和轮纹深度

(6)调整前检查——车辆载荷检查,如图 11-26 所示。燃油箱载荷检查,驾驶室、后排座、行李舱必须处于空载检查。

图 11-25 转向检查

图 11-26 行李舱和后排座载荷

(7)调整前检查——底盘检查,如图 11-27 所示。转向节、下悬臂、横拉杆、稳定杆以及各球头胶套不能又变形、损坏。

(8)启动程序。

①点击"Beissbarth"图标。

②"Beissbarth"启动后,系统自动引导进入定位程序初始状态。

③点击屏幕左上角的绿色"前进"图标进入客户档案列表。此时屏幕上显示出所以曾经做过的车辆的检测信息。

④点击"当前维修单信息"选项卡,可进入用户信息输入画面。黄颜色条目为必填项目,其余项目可依需要填写。图 11-28 所示为创建客户资料。

(9)填写好客户信息之后,点击"前进"图标,即可进入车型选择画面。在"车型资料来源"下拉菜单中列出了已安装的所以车型数据资料。除了各种原装车生产厂商的数据之外,还有新加入的国产车型数据。选中"USER",即可见到各个国内汽车生产厂商所生产的各种车型的车型数据。例如,在制造厂商一栏中选择"北京现代",在型号一栏中会显示出所有北京现代车辆的型号。用鼠标双击列表栏里所给出的待测车辆所属的车型,稍候,则屏幕上会显示出选中车辆的标准车型数据,如图 11-29 所示。

图 11-27　底盘检查　　　　　　图 11-28　创建客户资料

(10) 确认此车型数据与待测车辆车型相符,如果所选车型数据正确,点击"前进"图标,即可进入车辆状况画面。在此画面下可以输入待测车辆的各部分存在的故障。用以在定位之前对车辆进行总体故障描述(包括:轮胎、车身高度/重量、悬架系统、转向、制动系统、灯光等),如图 11-30 所示。

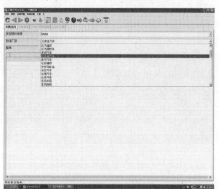

图 11-29　车辆选择　　　　　　图 11-30　车辆状况录入

(11) 工位准备工作,如图 11-31 所示。根据轮距和轴距校准举升机宽度,确定转角盘和后滑板的位置和上好固定安全锁销。

(12) 安装卡具及传感器,如图 11-32 所示。

图 11-31　工位准备　　　　　　图 11-32　安装卡具及传感器

①依据轮圈类型和状态来确定所用卡具与卡具的固定方式,之后进行卡具安装。
②逐一去下传感器,按照传感器上指导位置,与卡具连接安装。
(13)线速连接,如图11-33所示。检查全部传感器安装状况,确定无误后,进行线束连接。注意一定要对准标记。
(14)进行偏位补偿。
①将车辆进行举升使车轮离开支撑点,并松开传感器的固定螺栓。轮子的位置与屏幕上显示的相同。
②在卡具的初始位置按下补偿键后,每次转动四分之一圈后再按下一次补偿键。旋转三次后直到所有绿色块变成红色。最后将车轮再旋转90°还原到初始位置。每次按下补偿键时传感器的水平气泡应尽可能地保持水平。
③按下传感器上计算键计算补偿值,如图11-34所示。
对于驱动轴上的两个车轮如果同时旋转会由于差速器原因相互干扰。所以在一侧补偿时,另外一侧有人松开传感器的固定销,扶稳传感器,让车轮自由。待一侧完成补偿记录后,用相同的方法完成另外一侧。最后将两侧车轮都回到初始位置后再按下计算键完成补偿值计算。

图11-33 对准标记连接线束

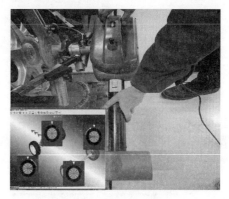
图11-34 测量偏位补偿

(15)调整前检测,如图11-35所示。
①抽出转角盘或后滑板安全销,使汽车车轮处于自由状态。
②调整转角盘位置,使其对准车轮,降下车辆。安装制动锁。
③按照屏幕指引转动转向盘到打直位置,如图11-35a)所示。
④当打直方向之后,程序就会检查传感器是否处于水平状态。如果有传感器不水平,则屏幕上就会出现水平气泡状态的提示画面,提示操作员对不水平的传感器进行水平调整。当所以传感器都处于水平状态之后,程序就会自动进入下一步,如图11-35b)所示。
⑤按照屏幕指引向两侧转向20°,如图11-35c)所示。
⑥调整转向装置到中间位置。
⑦读取屏幕上正确的前束和外倾角、主销后倾角,主销内倾角值和转向时负前束值。
特别注意:在转向操作过程中,要避免推动或晃动车身,以防转角盘滑动和车身偏斜,造成主销后倾角,主销内倾角和转向时负前束的测量产生误差。

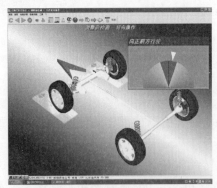
a) 方向对中

b) 调整水平

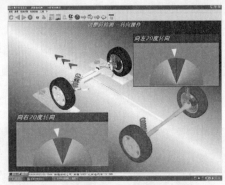
c) 向右20°和向左20°

图 11-35　调整前检测

（16）进行定位调整，如图 11-36 所示。如果实际值在公差范围之外，就要进行校正。

用鼠标点击"扳手图标"将显示相应角度文字和图片形式的调整帮助信息。其中包括调整后的上紧力矩等数值，这些同样来自原厂提供的数据库。

a) 后轴数据调整

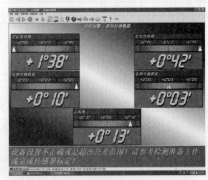
b) 前轴数据调整

图 11-36　定位调整

①安装转向盘锁。

②举升车辆，使人能正常进入车辆下方进行作业。

③选取所需工具，对车辆参数进行调整。对屏幕上标准值与实时测量值对比，当实测值被调整到标准值的公差范围内，最好位于中央位置时，调整即可结束。调整时注意先调

整后桥参数。

④对照原厂提供的数据打到规定扭矩。

(17) 调整后检测。调整转角盘位置,使其对准车轮,降下车辆。

①转动转向盘到打直位置。

②按照屏幕指引向两侧转向 20°。

③调整转向装置到中间位置。

④查看测量结果,对比数据。图 9-37 所示为数据确认界面。

如果"标准值/实际值"对比合格,就能打印测量结果,结束测量过程。

(18) 复位检测程序

点击退出键,按要求退出程序。

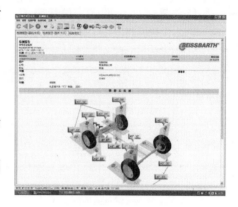

图 11-37　数据确认

4 四轮定位测量结果数据异常分析和诊断

1) 轮胎气压

轮胎气压是轮胎的生命,气压过高和过低都会缩短轮胎的使用寿命。气压过低,胎体变形增大,胎侧容易出现裂口,同时产生屈挠运动,使轮胎内层受到的压缩力与外层受到的伸张力大大超过允许的屈挠极限,导致过度发热,促使橡胶老化,帘布层疲劳、帘布折断;气压过低还会使轮胎接地面积增大加速胎间磨损。气压过高会使轮胎帘布线受到过度的伸张变形,胎体弹性下降,使汽车在行驶中受到的负荷增大,如遇冲击会产生内裂和爆破,同时气压过高还会加速胎冠磨损,并使耐扎性能下降。

2) 四轮定位

前轮定位对轮胎的使用寿命影响很大,而且以前轮前束和前轮外倾为主要影响因素。前轮外倾主要会加速胎肩的磨损,即偏磨;前轮前束主要是加速轮胎内外侧的磨损。前束过大或过小都会引起方向发飘,影响行车安全。前束过大主要表现在外侧羽毛状磨损,过小主要表现在内侧羽毛状磨损。后轮定位失准也会造成轮胎成片状磨损,胎面呈波浪状,局部一块块剥落。

3) 驾驶员

驾驶员在行车中除了处理情况外,还要选择行驶路面,躲避锋利的石头、玻璃、金属等可能扎破和划伤轮胎的物体,躲避化学易洒物质,避免其对轮胎的腐蚀;行驶在拱度较大的路面时,要尽量居中行驶,避免和减少汽车重心偏移,减少一侧轮胎负荷增大而使轮胎磨损不均;合理的装载是基本常识,一般情况下,超载 20%,轮胎寿命减少 30%,超载 40%,轮胎寿命减少 50%;另外急速转弯、紧急制动、高速起步以及急加速等都将对轮胎的损坏产生影响,是驾驶员在行车中要避免的。

4) 其他

轮毂或车轴变形、弯曲、偏心,使车轮转动时出现周期性的振动,会使轮毂胎产生不规则磨损。另外轮胎质量问题和转向20°前展角失准也会造成早期磨损。

由此可见,轮胎的早期磨损主要源于两个方面:一是汽车底盘的技术状况,二是驾驶员本身。表11-1为四轮定位故障速查表。

四轮定位故障速查表　　　　　　　　表11-1

故障名称	故障原因分析
汽车的偏行	胎压不正确
	定位不正确
	推力角不对
	不适当的车辆高度
	轮胎或车轮尺寸不对
	轮胎偏磨
	悬架系统的故障
	不适当的制动间隙
	损坏或垂直度不正确的弹簧
	转向轴弯曲
	稳定杆损坏
	动力转向阀不居中
	车架变形或随动转向臂间隙太大
	后传动轴不平衡
过早的轮胎磨损或旋转时的轮胎噪声	胎压过高
	不正确的轮胎定位
	转向前展角不对
	转向系统磨损
	轮胎不平衡
转向噪声或轮胎磨损严重	车辆过载/轮胎等级不对
	减振器损坏
	前束弧改变不等
	轮胎或钢圈变形
	不正确的车辆高度或弹簧高度
记忆转向	上支柱座干涉
	支撑轴承磨损或粘结
	球头卡滞或过紧
	动力转向不平衡
汽车的前轮振摆	轮胎不平衡
	轮胎失圆
	钢圈过度偏心
	轮胎轴承过紧或磨损
	齿轮、小齿轮和齿轮箱过紧
	正后倾角过大
	转向齿轮磨损或调整不当
	转向轴连接过松或过紧

续上表

故障名称	故障原因分析
扭力偏行	车轴不等长
	加速时车轴碰巧不相等
	转向轴损坏或松动
	超过规定的内倾角和包容角
	传动系统定位不正确
设备问题	装备没有校正
	转盘转动不灵活
	滑板转动不灵活
车辆的摆动	不正确的车轮定位
	不正确的车高和垂直度
	不正确的胎压
	摩擦半径/车轮不平衡
	转向组件磨损
车辆的摆动	轮胎不匹配或质量有问题
	支撑件或控制臂衬套磨损
	悬架部件磨损
	负的后倾角
	弹簧损坏
	碰撞过的转向系统
	减振器磨损或损坏
	齿条与转向小齿轮位置不对
	稳定杆损坏
转向沉重	后倾角过大
	前轮胎压力过低
	动力转向缺油或传动带松
	动力、转向泵损坏
	转向齿轮损坏或调整不当
	球头过紧或卡住
	悬架损坏、转向节或支柱
外倾角(不可调整)	内倾角不准
	悬架高度及弹簧的垂直度不合适
	控制臂或支柱弯曲

三 学习拓展

帕杰罗严重跑偏案例分析。

1 故障现象

帕杰罗 V33 行驶里程超过 25 万 km。直行时必须紧拉转向盘,否则立即向右跑偏。

❷ 故障分析

检查转向系、制动系及行驶系均无明显异常。

该车采用前置发动机后轮驱动形式;不等长双横臂前独立悬架,下控制臂是非"I"字形 A 结构。上控制臂可用增减调整垫片的方式来调整前轮外倾角和主销后倾角;后悬架采用非独立悬架,定位参数不可调。

因为理论分析和实践证实,对于后轮驱动的汽车,前轮主销后倾角左右差异太大是引起跑偏严重的主要因素。因此推断该车主要是因为前轮右主销角过小引起直行时向右严重跑偏。

❸ 故障排除

四轮定位仪检测后的数据证实了推断,右主销后倾角竟然为 $-2°23'$,左边是 $1°21'$。其他数据均无太大异常。如果能够使 $-2°23'$ 靠近 $1°21'$ 的话,问题应能得到解决。那么应采取什么样的办法来调整呢?

根据帕杰罗 V33 的维修手册,在前悬架上摆臂的前端垫片厚度不变得情况下,后端每增加 1mm 的垫片,则主销后倾角增加约 $27'$,根据这些数据,我们可以计算出使 $-2°25'$ 靠近 $1°21'$ 应在右上摆臂后端增加垫片的厚度:

$$[1°21'-(-2°23')]/27'=8mm$$

这样,只需在右上摆臂后端加 8mm 的垫片,而前端的垫片厚度不变。用元征四轮定位仪检测,则数据显示两边的主销后倾角值已基本接近了,重新调整前束角后试车,故障已彻底消除。

汽车在行驶过程中,造成下摆臂向后窜动的倾向有多种原因,但主要是由紧急制动、不同程度的碰撞,还有上路肩太猛等因素。在这种情况下,下摆臂和车轮已减速或制动,但车身因惯性仍向前运动,下摆臂必然要被向右推动,久之,后倾角便变小甚至变负了。

汽车前轮设置主销后倾角的目的是为了使转向盘稳定和自动回转转向盘,以保证汽车的稳定直线行驶。当两前轮主销后倾角都变得太小时,因转向盘稳定性能变差而导致方向发飘。

四 评价与反馈

❶ 自我评价

(1)通过本学习任务的学习你是否已经知道以下问题:
①四轮定位的参数有哪些?_____。
②什么时候安装制动锁、转向盘锁?_____。
(2)在汽车四轮定位检测前应注意哪些问题?

_____。

(3)实训过程完成情况如何?

_____。

(4)通过本学习任务的学习,你认为自己的知识和技能还有哪些欠缺?

_____

签名:_____　　_____年___月___日

❷ 小组评价(表11-2)

小组评价表　　　　　　　　　　　表11-2

序号	评价项目	评价情况
1	着装是否符合要求	
2	是否能合理规范地使用仪器和设备	
3	是否按照安全和规范的流程操作	
4	是否遵守学习、实训场地的规章制度	
5	是否能保持学习、实训场地整洁	
6	团结协作情况	

参与评价的同学签名:_____　　_____年___月___日

❸ 教师评价

_____

_____

教师签名:_____　　_____年___月___日

五 技能考核标准

考核的方式建议用每个人独立完成学习领域中的实训任务,培养学生独立自主完成任务的能力。实训任务综合性较强,可以根据学生完成实训任务的情况评价整个学习领域的学习效果。表11-3为技能考核标准。

技能考核标准表　　　　　　　　　表11-3

序号	项目	操作内容	规定分	评分标准	得分
1		预检工作	4分	每项内容1分	
2		举升前检查	5分	每项检查不到位扣1分	
3		悬架检查	10分	将举升机二次举升,否则扣1分	
4		转向连接机构检查	9分	9项内容,每项内容1分	
5	车辆四轮定位操作	拉起手制动、固定脚刹车拆下转角盘固定销悬架复位	6分	将车辆落到顶起位置一,注意车辆的两前轮要落在两转角盘的中心上。固定制动踏板。拆下转角盘固定销,按动车辆前后部,使悬架复位,操作不当,此项不得分	
6		开启设备:选择车辆品牌、型号	2分	选择车辆品牌、型号各1分	
7		安装卡具到车轮	4分	正确安装卡具到四个车轮,每项1分	
8		连接传感器连线,将传感器调整到水平位置	4分	调整传感器到水平位置,打开传感器开关,每个传感器1分	

续上表

序号	项目	操 作 内 容	规定分	评 分 标 准	得分
9	车辆四轮定位操作	安装四轮定位仪屏幕提示操作	6分	将转向盘向右侧转动20°(按仪器要求),操作不合格扣3分	
				将转向盘向左侧转动20°,操作不合格扣3分	
				将转向盘回到中间位置,操作不合格扣3分	
10		用夹具固定转向盘	2分	固定转向盘不规范,此项不得分	
11		正确读取定位仪检测到的数据并作出判断	20分	正确读取前轮外倾角、后倾角、前束数据	
				正确读取后轮外倾角、前束、推力角数据,每项记录错误扣5分	
12		打印定位数据并做出分析	20分	打印数据,并根据数据做出分析说明,每项数据分析正确得5分	
13		5S及安全操作	8分	工具及场地整理、清洁一项不到位扣1分,出现重大安全隐患,扣8分	
		总分	100分		

学习任务12 发动机密封性检测

学习目标

 知识目标

1. 掌握发动机汽缸密封性检测的理论知识;
2. 掌握发动机汽缸密封性检测的数据分析;
3. 清楚相关国家检测标准的要求。

技能目标

1. 能完成发动机汽缸密封性检测的操作过程;
2. 能完成发动机汽缸密封性不良的分析和诊断;
3. 能完成发动机漏油、漏液的检查。

建议课时

8课时。

项目四 维修检测

任务描述

一辆直列4缸、双缸同时点火的汽油发动机有怠速运转不稳、加速不良和高速无力等故障现象。用诊断仪器读取故障码为氧传感器故障,维修人员更换氧传感器后故障现象没有消失。对其做进一步检查,发现排气管存在有节奏的"突突"声,急加速时还会出现放炮现象。怠速时用真空表检测进气歧管真空度,真空表指针指示在45～68kPa之间,并伴有不规则的上升和下降,真空度数字变化较大。此时需要检查发动机的汽缸密封性。

一 理论知识准备

(一)发动机汽缸密封性检测的理论知识

汽缸密封性是发动机技术状况的重要参数,对汽车的动力性、经济性和可靠性有着重要影响。维修人员不仅可以根据汽缸密封性判断发动机工作是否正常,而且还可以根据检测结果进行相关故障分析,明确故障部位。

汽缸密封性与汽缸体、汽缸盖、汽缸垫、活塞、活塞环和进排气门等零件的技术状况有关。在发动机使用过程中,由于这些零件磨损、烧蚀、结焦或积炭,导致汽缸密封性下降,使发动机功率下降,燃油消耗率增加,使用寿命大大缩短。

在不解体的条件下,检测汽缸密封性的常用方法有:测量汽缸压缩压力;测量汽缸漏气率;测量进气管真空度等。通过汽缸密封性检测对发动机因机械部分造成的故障进行有效的判断,如汽缸盖、汽缸垫、汽缸体、活塞、活塞环、气门、气门座、气门导管、气门弹簧、液压气门挺杆、节气门体衬垫、进气歧管垫等。

1 汽缸压缩压力的检测

用压缩压力记录仪进行压缩压力检测。此记录仪能对各燃烧室的压缩压力进行比较。在发动机处于运行稳定时进行检查。在此拆卸所有火花塞并将喷射装置与串联电阻的连接线拆开以防止喷射燃油。蓄电池电路最大操作起动时间为4s。偏离标准值说明存在机械故障。为了确定故障部位,在此通过相关汽缸的火花塞孔(拆下火花塞后漏出的孔)注入发动机油。随后转动发动机几圈,以便机油均匀分布。机油在活塞和汽缸壁之间形成密封。如果第二次测量时压缩压力上升,则说明汽缸壁、活塞环或活塞损坏。如图12-1为压缩压力记录仪。

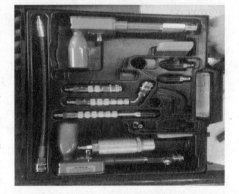

图12-1 压缩压力记录仪

2 汽缸漏气率的检测

压缩压力检测只能大概了解燃烧室的机械状态。它不能进行故障定位。例如,如果通过压缩压力测试确定燃烧室泄漏,那么就要进行压力损失检查。进行压力损失测试时将压缩空气充入到需要检查的汽缸中。工作压力通常为 5~15bar。检查前将指针调节到使用说明书中规定的初始值。在发动机处于运行温度时进行检查。此外还必须拧出所有火花塞,拆卸空气滤清器,拔出机油表尺并拧下散热器盖。测试仪以百分数形式表示泄漏造成的压力损失。压力损失通常不超过 40%。汽缸之间 20% 以下的压力差无关紧要。通过流出空气的声音可以确定泄漏部位。压力损失较大时,向汽缸内喷入一些机油后重复进行测量。如果压力损失比第一次测量时小,则可能是活塞或活塞环泄漏。图为 12-2 为汽缸漏气量检测仪。

❸ 进气歧管真空度的检测

发动机各缸在交替进气时在进气歧管产生真空度,进气歧管真空度是汽油机重要的诊断参数之一,它可以表征汽缸组和进气管的密封性,单位用 kPa 表示。在测量一台发动机真空度时,需要发动机能转动,把真空表接于节气门后方的进气歧管上,并通过在不同的转速下读取真空度,通过所测的数据分析和判断故障的部位。

进气歧管真空度受到节气门开度的影响,并与其成反比;它随着活塞汽缸组的磨损而变化,并且与配气机构的技术状况、点火系统和燃油供给系统的调整有关,它也与汽车的排气量和压缩比有密切关系。所测的真空度的大小、稳定与否能反映出发动机的总体性能与故障部位。图 12-3 为真空压力表。

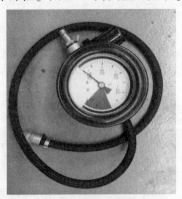
图 12-2　汽缸漏气量检测仪

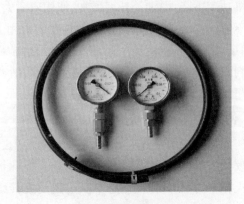
图 12-3　真空压力表

测试发动机进气歧管的真空度可分为三种基本类型:怠速测试、急加速测试和排气系统阻塞测试。

(二) 与发动机汽缸密封性检测的相关国家标准

汽缸压缩压力标准值一般由制造厂提供。根据《汽车修理质量检查评定标准》(GB/T 15746—2011)规定:在正常工作温度下,汽缸压缩压力应符合原设计规定;其压力差汽油机应不超过各缸平均压力的 5%,柴油机应不超过 8%。

根据《机动车运行安全技术条件》(GB 7258—2012)的规定,漏液检查要在发动机运转及停车时,水箱、水泵、缸体、缸盖、暖风装置及所有连接部位均不应有明显渗漏现象。漏油检查要求机动车连续行驶距离不小于 10km,停车 5min 后观察,不应有明显的泄漏现象。

二 任务实施

（一）汽缸漏气量的检测

① 准备工作

(1) 将实训车辆停放在检测区域。
(2) 检查实训室通风系统设备工作是否正常。
(3) 准备汽缸压力表、车辆挡块、翼子板布、三件套等教学用具。

② 技术要求与注意事项

(1) 断开燃油继电器，让喷油器不工作。
(2) 断开点火线路保险或断开点火线圈电源，让点火系统不工作。
(3) 在进行汽缸漏气量检测时要将节气门完全打开。
(4) 测量时，栓手压稳防止漏气发生。
(5) 观察测量数据不再增加时，才能停止测量。
(6) 蓄电池电压对汽缸漏气量的检测有较大的影响，在测试之前确认蓄电池处于充满电状态。
(7) 此学习任务必须两人合作才能完成。
(8) 预热检测车辆，使发动机达到75℃或厂家要求的温度。

③ 操作步骤

(1) 检测汽缸密封性需满足的条件。
①预热车辆，让车辆处于正常的工作温度，排除温度对测量结果的影响。
②断开喷油器和喷油继电器，图12-4为喷油器位置。防止在检测过程中，喷油器继续向汽缸内喷油。
③让点火系统不工作。防止在检测过程中点火系统中的高压部分对操作人员造成伤害。
(2) 拆卸。
①拔下点火线圈的插头。
②取出点火线圈或高压缸线。
③选用转角扳手、六角套筒将火花塞完全拧松，用吸铁棒将其取出，不能用扭力扳手，图12-5为火花塞位置。
(3) 清洁火花塞周围的赃物，防止落入汽缸内，图12-6为清洁火花塞周围。
(4) 检测汽缸压力。
①选择合适的测试纸(区分柴油机和汽油机)，图12-7为柴油和汽油汽缸压力测试试纸。
②选择合适的汽缸压力表(区分柴油机和汽油机)。图12-8为选择合适的汽缸压力枪。
③选择合适的测试头（注意大小是否合适），因为柴油发动机汽缸压力较大，不能采用按压的方式采集数据，采用带螺纹的测试头，图12-9为选择合适测试头。

图 12-4 喷油器位置

图 12-5 火花塞位置

图 12-6 清洁火花塞周围

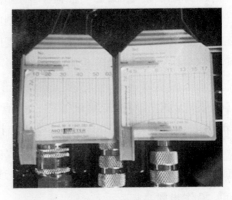

图 12-7 柴油和汽油汽缸压力测试试纸

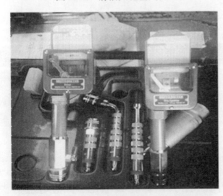

图 12-8 选择合适的汽缸压力枪

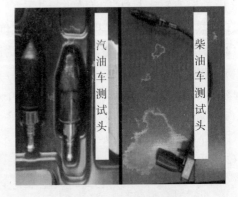

图 12-9 选择合适测试头

④拆卸火花塞,并依次放整齐。在安装火花塞前,请确保新的火花塞是与待装车型发动机是匹配的(间隙、热值等参数),图 12-10 为拆卸火花塞。

⑤双手压稳汽缸压力表,在测试过程中不能有漏气现象发生(与火花塞安装方向一致),图 12-11 为进行缸压测试。

⑥将节气完全打开后,起动发动机,测试数值稳定后,才能停止,图 12-12 为起动发动机。

⑦测试其余的汽缸,注意每次测量后调节汽缸压力表,防止测量的两个汽缸数据重合,图 12-13 为测试其余汽缸。

图 12-10 拆卸火花塞

图 12-11 进行缸压测试

图 12-12 起动发动机

图 12-13 测试其余汽缸

(5)记录数据,判断结果。

汽油发动机汽缸压力一般为 9~15bar,柴油发动机汽缸压力一般为 25~35bar;每缸压力与各缸平均压力的差,汽油机不超过 8%,柴油机不超过 10%,图 12-14 为记录数据。

(6)安装复位,如图 12-15 所示。

①选用扭力扳手拧紧火花塞。

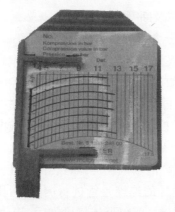
图 12-14 记录数据

图 12-15 安装复位

②查阅维修手册,确定规定扭矩。
③安装喷油器插头、燃油继电器,并让点火系统正常工作。
④确认发动机能正常起动
起动发动机,检测发动机是否能正常工作。
(7)现场清洁、工具复位。

汽缸压力结果测试分析和诊断:

测得结果如高于原设计规定,可能是由于燃烧室积炭过多、汽缸衬垫过薄或缸体与缸盖结合平面经多次修理加工过甚造成。测得结果如低于原设计规定,可向该缸火花塞或喷油器孔内注入适量机油,然后用汽缸压力表重测汽缸压力并记录。

①如果第二次测出的压力比第一次高,说明汽缸、活塞环、活塞磨损过大或活塞环对口、卡死、断裂及缸壁拉伤等原因造成汽缸不密封。
②如果第二次测出的压力与第一次相近,说明进、排气门或汽缸衬垫不密封。
③如果两次检测某相邻两缸压力均较低,说明该两缸相邻处的汽缸衬垫烧损窜气。

拆卸发动机进行测量,对汽缸、活塞、活塞环、气门等进行外观检查,并进一步测量汽缸直径、活塞环侧隙和端隙等数据,对比维修手册数据是否满足工作要求,做出判断。

(二)汽缸漏气率的检测

① 准备工作

(1)将实训车辆停放在检测区域。
(2)检查实训室通风系统设备工作是否正常。
(3)准备汽缸压力表、车辆挡块、翼子板布、三件套等教学用具。

② 技术要求与注意事项

(1)在检测过程中,保持整个系统断电,断开蓄电池负极。
(2)在检测前,将发动机预热到正常工作温度,否则会影响检测结果。
(3)在检测时,确保测量缸处于压缩行程上止点,否则在接通高压空气后,曲轴会转动。

③ 操作步骤

(1)检测汽缸密封性需满足的条件,预热车辆以及断开电源。
(2)拆卸部分会影响到安全的附件。
(3)清洁火花塞周围的赃物,防止落入汽缸内。
(4)校正汽缸漏气量检测仪。
①检查汽缸漏气量检测仪工作是否正常。图12-16为双表式漏气量检测仪;图12-17为单表式漏气量检测仪。
②将所测汽缸活塞调到压缩行程的上止点。选择和火花塞相同型号的连接导管进行测量,否则会出现漏气和安装不到位。将仪器连接可靠后,转动曲轴,直

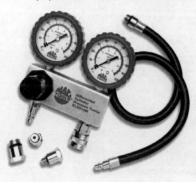

图12-16 双表式漏气量检测仪

到中间的小块没有上升的停止,此时为所测汽缸的上止点,图12-18为让测量缸处于压缩行程上止点。

图12-17 单表式漏气量检测仪

图12-18 让测量缸处于压缩行程上止点

③通高压空气,观察汽缸漏气量检测仪是否存在漏气,是否满足汽缸漏气量检测需要。图12-19为双表式汽缸漏气量检测原理;图12-20为单表式汽缸漏气量检测过程。

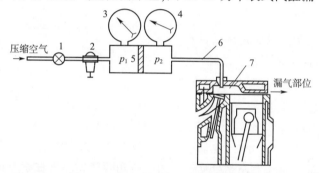

图12-19 双表式汽缸漏气量检测原理

1-进气阀门;2-调压阀;3-进气压力表;4-漏气率表;5-量孔;6-出气软管;7-汽缸燃料室

(5)记录数据,判断结果。
(6)安装复位。
①选用扭力扳手拧紧火花塞。
②查阅维修手册,确定规定扭力。
③连接蓄电池负极,让发动机正常供电。
(7)确认发动机能正常起动。
起动发动机,检测发动机是否能正常工作。
(8)现场清洁、工具复位。

汽缸压力结果测试分析和诊断:
测得结果如高于原设计规定,可能是由于燃烧室积炭过多、汽缸衬垫过薄或缸体与缸盖结合

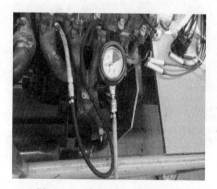

图12-20 单表式汽缸漏气量检测过程

平面经多次修理加工过甚造成。测得结果如低于原设计规定,可向该缸火花塞或喷油器孔内注入适量机油,然后用汽缸压力表重测汽缸压力并记录。
①如果第二次测出的压力比第一次高,说明汽缸、活塞环、活塞磨损过大或活塞环对

口、卡死、断裂及缸壁拉伤等原因造成汽缸不密封。

②如果第二次测出的压力与第一次相近,说明进、排气门或汽缸衬垫不密封。

③如果两次检测某相邻两缸压力均较低,说明该两缸相邻处的汽缸衬垫烧损窜气。

(三)进气歧管真空度的检测

1 准备工作

(1)将实训车辆或发动机台架停放在检测区域。

(2)检查实训室通风系统设备工作是否正常。

(3)准备真空表、车辆挡块、翼子板布、三件套等教学用具。

2 技术要求与注意事项

(1)在检测前,确认发动机无电控故障,否则会影响检测结果。

(2)在检测过程中,不仅在急速状态下检测真空度,而且要改变节气门的开度,观察、记录真空度的变化。

3 操作步骤

(1)检测汽缸密封性需满足的条件。

车辆或发动机台架是否存在故障,能够正常起动。

(2)校正真空表,测量发动机进气管真空度。

把真空表接于节气门的后方,起动发动机,在正常的状态下进行急速运转,即可从真空表中获取其真空数值。进气歧管真空度还受到节气门开度的影响,节气门开度增加,真空度会下降。改变节气门的开度(急加速或急减速)记录真空度会发生变化,根据这数值的变化,分析和判断发动机是否存在故障。如果所测数值较高且真空表指针稳定,说明发动机运行平稳和加速性良好。

大多数汽油发动机而言,在正常急速状态下运转时,如果各系统均工作正常,则真空表指针应稳定在 64~71kPa 之间,如果在迅速开闭节气门时,真空表指针应在 7~85kPa 之间灵敏摆动,这时表明进气歧管真空度对节气门开度的随动性较好。同时,说明发动机各系统(特别是进气系统的密封性)工作良好。假如发动机存在故障(特别是机械故障中的密封性变差)就会出现与上述数值不同的进气歧管真空度,这时表明发动机存在故障,图 12-21 为汽缸真空表测量过程。

图 12-21 汽缸真空表测量过程

(四)发动机漏油、漏液的检查

1 准备工作

(1)将实训车辆或发动机台架停放在检测区域。

(2)检查实训室通风系统设备工作是否正常。

(3)准备空气压力枪、实训车辆、车辆挡块、翼子板布、三件套等教学用具。

2 技术要求与注意事项

(1)在检测前,清洁发动机,防止脏物影响检查。

(2)在检测前预热发动机,让冷却系统处于大循环工作状态。

(3)在进行发动机漏油、漏液检查之前,先检查冷却液和机油量是否在正常范围内。

(4)在检测冷却系统泄漏时,加压压力要在规定范围之内,压力过高可能会损坏冷却系统。

3 操作步骤

(1)检查冷却液的泄漏。

①预热发动机。

②校正压力枪,测量发动机冷却系统是否泄漏。

③检查冷却系统是否存在泄漏。常见的泄漏部位有散热器、软管接头、软管、冷却液泵和汽缸盖垫等,图12-22为测试冷却系统是否泄漏。

(2)检查机油的泄漏。

①起动车辆,观察机油压力指示灯是否正常。

②观察汽车尾气排放的颜色,是否有蓝烟,判断发动机内部是否有机油泄漏。

③检查润滑系统是否存在外部泄漏。常见的泄漏部位有机油放油螺栓、油底壳、汽缸盖垫,图12-23为测试润滑系统是否泄漏。

图12-22　测试冷却系统是否泄漏

图12-23　测试润滑系统是否泄漏

三 学习拓展(汽缸盖密封垫故障诊断)

1 汽缸盖密封垫泄漏的原因

汽缸盖密封垫损坏是汽缸密封性故障最常见的原因之一,能引起各类故障现象。汽缸盖密封垫损失时必须立即维修,以避免造成发动机损坏范围扩大,拆卸和更换汽缸盖密封垫前必须明确泄漏原因,确定泄漏部位。汽缸密封垫泄漏的七个途径,如图12-24所示。但是必须先明确故障原因,常见的故障及原因,见表12-1。

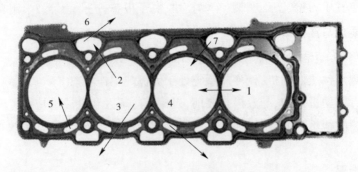

图 12-24 汽缸垫检查

1-燃烧室之间的泄漏;2-燃烧室与冷却系统之间的漏气;3-向大气漏气;4-向大气漏机油;5-润滑系统和燃烧室之间的漏气;6-向大气漏水;7-泄漏的水进入汽缸

汽缸常见故障及原因分析　　　　　　　　　　　表12-1

故　障	原　因
汽缸压力不足	进、排气门密封不严 汽缸磨损严重 活塞环损坏 活塞烧蚀严重 汽缸盖变形 汽缸盖密封垫损坏 配气正时有误
冷却液缓慢损耗	汽缸盖密封垫损坏冷却液进入燃烧室
冷却液大量损耗,从排气管中排出白色废气烟雾	冷却液进入燃烧室,蒸发并以白色蒸汽形式从排气中排出
补液罐打开时有气泡从冷却液中冒出	燃烧气体受压进入冷却系统内。系统内有废气气味
冷却液表面有彩色	机油从润滑循环系统进入了冷却系统
拔出的机油标尺上附有一层浅灰色乳液,机油中混进了水泡	冷却液进入机油循环系统

② 实际检查泄漏

发现冷起动性能越来越差,同时出现排气冒白烟和功率损失现象,这种情况是汽缸盖密封垫损坏的征兆。外流的冷却液缓慢损耗,在早期就能够发现漏气。最好能在卸下来的汽缸盖密封垫上找出泄漏的原因。机油和冷却液的外流损失在分界面上用眼睛就能清楚的识别。彻底地清洗发动机后将滑石粉撒在怀疑发生泄漏的密封部位并让发动机以不同转速运行。此时可以清楚地看到外流的微量机油或冷却液。

③ 实际检查漏气

从燃烧室边缘染黑的程度上可以识别泄漏。局部染黑是存在着漏气的迹象,这种漏气会通过过度吹扫炽热燃烧气体而造成燃烧室边缘损坏。其原因可能是螺栓未正确拧紧或以前发生了过热。燃烧室边缘均匀的轻度染黑是正常的。

四 评价与反馈

❶ 自我评价

(1)通过本学习任务的学习你是否已经知道以下问题：

①汽车发动机密封性不良会出现什么故障现象？_____。

②在汽车发动机密封性检测中应注意哪些问题？_____。

(2)在汽车发动机密封性检测操作过程中用到了哪些设备？

_____。

(3)实训过程完成情况如何？

_____。

(4)通过本学习任务的学习，你认为自己的知识和技能还有哪些欠缺？

_____。

签名：_____   _____年___月___日

❷ 小组评价(表12-2)

小组评价表　　　　　　　　　　　表12-2

序号	评价项目	评价情况
1	着装是否符合要求	
2	是否能合理规范地使用仪器和设备	
3	是否按照安全和规范的流程操作	
4	是否遵守学习、实训场地的规章制度	
5	是否能保持学习、实训场地整洁	
6	团结协作情况	

参与评价的同学签名：_____   _____年___月___日

❸ 教师评价

_____

_____。

教师签名：_____   _____年___月___日

五 技能考核标准

考核的方式建议用每个人独立完成学习领域中的实训任务，培养学生独立自主完成任务的能力。实训任务综合性较强，可以根据学生完成实训任务的情况评价整个学习领域的学习效果。表12-3为技能考核标准。

技能考核标准表　　　　　　　　　　表12-3

序号	项目	操作内容	规定分	评分标准	得分
1	汽缸漏气量的检测	检测前预热车辆	5分	达不到预热温度不得分	
2		断开喷油器和喷油继电器	5分	没有进行操作不得分	
3		让点火系统不工作	5分	没有进行操作不得分	
4		取出点火线圈或高压缸线	4分	没有进行操作不得分	
5		清洁火花塞周围的赃物,防止落入汽缸内	4分	没有清洁动作,此项不得分	
6		选择合适的测试纸(区分柴油机和汽油机)	4分	测试纸选择错误,此项不得分	
7		选择合适的汽缸压力表(区分柴油机和汽油机)	4分	汽缸压力表选择错误,此项不得分	
8		选择合适的测试头(注意大小是否合适)	4分	测试头选择错误,此项不得分	
9		拆卸火花塞,并依次放整齐	4分	排放不整齐不得分	
10		双手压稳汽缸压力表,在测试过程中不能有漏气现象发生	5分	操作过程中有漏气现象不得分	
11		将节气完全打开后,起动发动机,测试数值稳定后,才能停止	5分	记录数据错误此项不得分	
12		测试其余的汽缸,注意每次测量后调节汽缸压力表,防止测量的两个汽缸数据重合	5分	操作不规范,没有调格不得分	
13		记录数据,判断结果	5分	记录结果不正确此项不得分	
14		安装喷油器插头、燃油继电器,并让点火系统正常工作	4分	安装不到位此项不得分	
15		起动发动机,检测发动机是否能正常工作	4分	没有起动车辆此项不得分	
16		校正汽缸漏气量检测仪	5分	没有校正漏气量此项不得分	
17		将所测汽缸活塞调到压缩行程的上止点	5分	没有将测量缸调到压缩行程上止点此项不得分	
18		通高压空气,观察汽缸漏气量检测仪是否存在漏气,是否满足汽缸漏气量检测需要	5分	没有规范检测,此项不得分	
19		记录数据,判断结果	5分	数据记录错误此项不得分	
20		安装复位	4分	一项没有复位扣2分,扣完为止	
21	进气管真空度检测	检查实训车辆或发动机台架是否存在故障,能够正常起动。	4分	没有起动,此项不得分	
22		校正真空表	5分	没有检查动作此项不得分	
23		测量发动机进气管真空度	5分	测量不正确此项不得分	
		总分	100分		

项目四　维修检测

学习任务13　汽油车点火性能检测

学习目标

★ 知识目标

1. 掌握汽车点火系统的分类及其特点；
2. 掌握汽车传统点火系统检测的理论知识；
3. 掌握汽车分组点火系统检测的理论知识；
4. 掌握汽车独立点火系统检测的理论知识。

★ 技能目标

1. 能完成汽车跳火实验的检测流程及分析；
2. 能完成汽车分组点火系统的检测流程及分析；
3. 能完成汽车独立点火系统的检测流程及分析。

★ 建议课时

10课时。

小明同学家的一辆直列四缸带独立点火系统的发动机，发动机能正常工作，起动后发动机抖动，工作用智能检测仪读取故障，没有故障码，测试系统油压和主动测试喷油器都正常。此时需要检查发动机点火性能。

一　理论知识准备

 传统式点火系统的理论知识

(1) 组成。

传统点火系统由蓄电池、点火开关、点火线圈、电容、断电器、分电器、高压导线、火花塞等组成。图13-1为传统点火系统组成图片。

(2) 工作原理。

接通点火开关，发动机开始运转。发动机运转过程中，断电器凸轮不断旋转，是断电器触点不断地开、闭。当断电器触点闭合时,蓄电池的电流从蓄电池正极出发,经点火开关、点火线圈的初级绕组、断电器活动触点臂、触点、分电器壳体搭铁,流出蓄电池的负极。当断电器的触点被凸轮顶开时,初级电路被切断,点火线圈初级绕组中产生感应电压,称为初级电压,其中通过的电流称为初级电流,次级电流流过的电路称为次级电路。

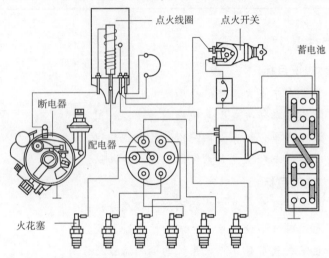

图13-1 传统点火系统组成

触点断开后,初级电流下降的速度越高,铁芯中磁通变化率越大,次级绕组中产生的感应电压越高,越容易击穿火花塞间隙。当点火线圈铁芯中的磁通发生变化时,不仅在次级绕组中产生高压(互感电压),同时也在初级绕组中产生自感电压和电流。在触点分开、初级电流下降的瞬间,自感电流的方向与原初级电流的方法相同,电压高达300V。它将击穿触点间隙,在触点间产生强烈的电火花,这不仅使触点迅速氧化、烧蚀,影响断电器正常工作,同时是初级电流的变化率下降,次级绕组中感应的电压降低,火花塞间隙中的火花变弱,以致难以点燃混合气。为了消除自感电压和电流的不利影响,在断电器触点之间并联有电容器。在触点分开瞬间,自感电流电容器充电,可以减小触点之间的火花,加速初级电流和磁通的衰减,并提高了次级电压。

(3)汽车点火性能检测过程中的术语和定义。

燃油空气混合气燃烧需要大约0.002s。这个时间在发动机的所有运行状态中都是相同的。为了能在上止点后最高燃烧压力很快起作用,必须在上止点前发出点火火花。这个时间点成为点火时刻。

点火提前角:从上止点至点火时刻的曲轴角度称为点火提前角。

点火时刻无法硬性设定,必须根据发动机运行状态进行调整。调整情况取决于发动机转速和负荷:转速升高时至完全燃烧的时间越来越短,因此必须向提前方向调节点火时刻;混合气燃烧较慢,这种情况下需要点火提前,以便能在上止点后马上产生最大燃烧压力;为了在零负荷范围(怠速运转和滑行模式)内净化废气,需要"延迟"点火,延迟点火在燃烧室每次做功冲程中都产生较多的热量,促进完全燃烧并排放较少有害气体。

发动机在任何运动状态下都需要足以产生电弧火花的高压。所提供的高压取决于储存在点火线圈内的能量。只有一次电路接通时间足够长时,才能储存尽可能多的能量。接通一次电流的持续时间与闭合时间相当。

闭合角:电流接通期间曲轴上转动角度的一半。

闭合终点一般有点火时刻决定。闭合时间根据转速和蓄电池电压通过一条闭合角特性曲线族计算得出。

(4)点火波形。

点火波形对于汽车诊断有重要意义。图 13-2 为传统点火波形。

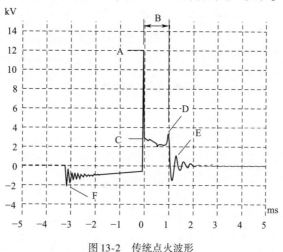

图 13-2　传统点火波形

A-点火线圈击穿电压;B-燃烧时间;C-燃烧电压;D-燃烧电压衰减点;E-与电容并联的衰减曲线;F-接通初级线圈,产生的电压

❷ 分组式点火系统的理论知识

点火系统的工作原理能为汽车故障分析提供有效的理论依据。图 13-3 为分组点火工作原理图。

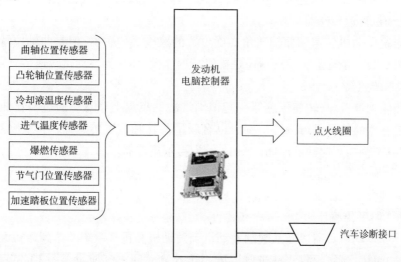

图 13-3　分组点火工作原理图

分组点火系统的特点是每两个火花塞共用一个点火线圈为其提供高压电源。图 13-4 为分组点火结构原理。每个点火输出极交替供电。每次点火时所连接的两个火花塞各产生一个点火火花,其中一个火花在做功行程中产生,另一个则在排气行程中产生。控制单元根据曲轴位置传感器的信号变化识别出必须控制哪个点火线圈。在压缩行程中产生的点火火花需要较高点火电压,在排气行程中产生的点火火花需要较低点火电压。根据电流方向规定,在一个火花塞上点火火花从中心电极跳向接地电极,在另一个火花塞上点火火花从接地电极跳向中心电极。图 13-4 为分组点火结构原理图。

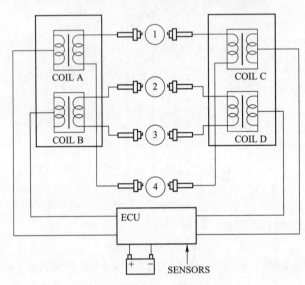

图 13-4 分组点火结构原理图

点火系统原理与传统点火系统类似分成两部分,一部分为控制电路,一部分为点火电路。点火火花的产生是一个十分迅速的过程,点火能量存储在一次绕组中,点火能量转移到二次绕组上并在二次绕组中产生高压,火花塞释放电弧火花,点燃混合气。

(1)发动机转速传感器。

用于测定发动机转速和曲轴转角准确位置的感应式传感器,但是曲轴位置传感器不能准确地判断某一个缸是压缩行程还是排气行程。图 13-5 为发动机转速传感器。

(2)霍尔传感器。

测定凸轮轴位置,与转速传感器一起识别汽缸的点火上止点。通过对比曲轴传感器和凸轮轴传感器的信号进行汽缸识别。也有新型凸轮轴位置传感器,可以测定每个汽缸的位置,可以车辆缩短起动的时间。图 13-6 为霍尔传感器。

(3)冷却液温度传感器。

用于识别发动机温度,计算点火时刻和喷油时间。图 13-7 为冷却液温度传感器。

(4)进气温度传感器。

用于计算发动机负荷以及从起动发动机到发动机和排气系统的达到运行温度之前计算点火时刻;暖机之后,提供当前进气温度用于计算时间进气质量。图 13-8 为进气温度传感器。

图 13-5 发动机转速传感器

图 13-6 霍尔传感器

图 13-7 冷却液温度传感器

图 13-8 进气温度传感器

（5）爆燃控制。

不利的工作条件可能会导致爆燃或敲缸。如果燃油空气混合气除通过点火火花燃烧外还自行点燃且两个火焰前锋相互撞击，就会形成爆燃。低辛烷值燃油、高压缩比、燃烧室内有沉积物、满负荷和冷却不足时都会加剧爆燃趋势。由此会使发动机迅速升温、发动机功率降低、耗油量增加。可通过爆燃控制避免爆燃。为了识别爆燃，在发动机缸体上装有爆燃传感器：在第二和第三缸之间有一个爆燃传感器或在两个汽缸列之间有两个爆燃传感器。

输入信号包括爆燃传感器信号、霍尔传感器信号和发动机温度。由爆燃引起的振动在爆燃传感器内转化为电信号并传输给发动机管理系统。电控单元对每个汽缸的爆燃识别信号进行分析。爆燃会导致相关汽缸朝"延迟"方向调节点火时刻，如果不再出现爆燃，就会朝"提前"方向逐渐调节点火时刻，直至达到所储存特性曲线的点火提前角。借助霍尔传感器分缸识别爆燃信号。针对各缸的爆燃调节称为**分缸爆燃调节**。

分缸爆燃调节可在不考虑燃油质量、压缩比、发动机老化情况下使各个汽缸在其整个使用过程中几乎所有运行条件下都能以接近爆燃限值的方式运行。

针对各个汽缸得出的不同爆燃限值以及新的点火时刻和取决于运行时刻的点火延迟调节都存储在 RAM 的点火特性曲线族内并根据变化的发动机运行条件进行调节（自适应爆燃调节）。

3 独立式点火系统的理论知识

通过凸轮轴传感器的凸轮轴信号进行同步，凸轮轴每转一圈就会发出一个信号。控制单元计算点火提前角。通过分电逻辑电路内的一个功率模块为点火线圈分配电压,分电器逻辑电路负责控制正确的点火线圈。图 13-9 为独立点火结构原理图。

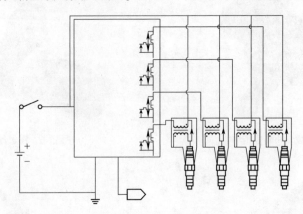

图 13-9　独立点火结构原理图

独立式的工作原理和其他点火系统的工作原理基本是一样的。每个线圈有个低阻抗,可让初级电压变为达 40000V 以使火花塞产生火花。

独立式点火系统和其他点火系统的真正区别之处是:每个点火线圈直接装在火花塞上,电压直接通往火花塞电极,而不用通过分电器或高压点火线。这种连接方法让火花尽可能强,且提高了点火系统的可靠性。

每个火花塞使用独立的线圈意味着线圈在点火之间的时间更长。增加"线圈通磁"时间(线圈电压建立线圈磁场的时间)可增加高转速下线圈的电压输出。

控制原理与分组点火控制原理类似。

二　任务实施

(一)火花塞跳火实验

1　准备工作

(1)将实训车辆停放在检测区域。

(2)检查实训室通风系统设备工作是否正常。

(3)准备实训车辆、火花塞拆装专用工具、车辆挡块、翼子板布、三件套等教学用具。

2　技术要求与注意事项

(1)确保汽车或发动机台架能够起动和运行。

(2)明确波形拾取的正负表笔的使用。

(3)明确发动机汽缸工作顺序和分电器旋转方向。

3　操作步骤

(1)拆卸火花塞。

在拆卸火花塞之前,要清除火花塞周围的杂物,以免落入汽缸。图 13-10 为拆卸火花塞图片。

（2）观察火花塞外观是否存在裂纹、积炭等问题。

火花塞在合适的温度下，工作良好。一般情况下火花塞绝缘体保持在500～600℃温度时，落在绝缘体上的油点能立即烧去，高于这个温度会发生早燃，低于这个温度会产生积炭。图13-11为火花塞外观图。

（3）检查火花塞间隙。

测量火花塞间隙，并与汽车维修手册数据进行对比，如果火花塞间隙不在规定范围，直接更换，不建议人工调整间隙。图13-12为检测火花塞间隙图。

图13-10 拆卸火花塞

图13-11 检查火花塞外观

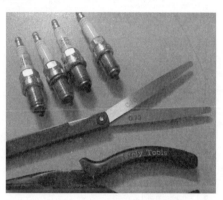

图13-12 检查火花塞间隙

（4）连接高压导线。

将火花塞连接到高压导线上，火花塞金属部分接触缸体。图13-13为连接火花塞与高压导线图。

（5）起动车辆，观察是否有电弧。在操作过程中，要注意安全。图13-14为检查火花塞跳火情况说明图。

图13-13 连接火花塞与高压导线

图13-14 检查火花塞跳火情况

（二）分组式点火系统的性能检测

1 准备工作

（1）将实训车辆停放在检测区域。
（2）检查实训室通风系统设备工作是否正常。
（3）准备波形分析仪、车辆挡块、翼子板布、三件套等教学用具。

2 技术要求与注意事项

（1）确保汽车或发动机台架能够起动和运行。
（2）明确波形拾取的正负表笔的使用。
（3）明确各缸共用点火线圈位置，并进行正确连接。
（4）智能诊断仪器安装到位可靠。

3 操作步骤

（1）车辆与设备基本检查。
①核对并记录车辆信息。
②确认诊断仪及检测线正常。
（2）车辆工作条件检查。
①确认车辆进、排系统没有泄漏。
②确认车辆发动机、变速器和冷却系统等没有液体泄漏。
③确认发动机工作液正常。
（3）预热车辆。
①使发动机怠速运转并将附属设备（空调、设备和刮水器等）关闭。
②预热检测车辆，使冷却液温度和润滑油温度不低于80℃，或者达到汽车使用说明书规定的热车状态。

图 13-15　一缸缸线夹

（4）调到次级线圈的检测界面。
（5）连接一缸判缸线。准确地找到发动机的一缸，注意有部分车辆，发动机的一缸是从飞轮端开始数。图 13-15 为一缸缸线夹。
（6）连接点火线圈波形拾取线。
在连接分组式点火线圈时，要注意信号拾取线的连接顺序，否则波形将会出现部分反向波形。图 13-16 为正确连接波形拾取线图。
（7）起动车辆，记录波形。
起动车辆时，注意挡位和驻车制动位置，保障整个操作的安全。图 13-17 为 6 缸发动机波形图。
（8）次级线圈波形拾取线安装错误。根据 1－4－3－6－2－5 的原则可以判断是 2 和 5 缸安装反了，红色的波形拾取线是正极，黑色的是负极，反了波形就不一样了。图 13-18 为波形拾取线连接错误。
（9）次级线圈波形分析。次级线圈工作情况分析，通过数状图可以更形象的分析次级点火线圈工作是否正常。图 13-19 为次级线圈工作分析图。

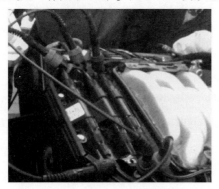

图 13-16　连接波形拾取线

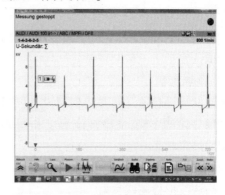

图 13-17　记录波形

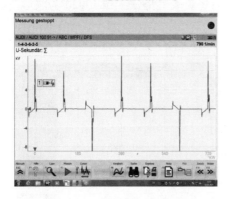

图 13-18　波形拾取线连接错误

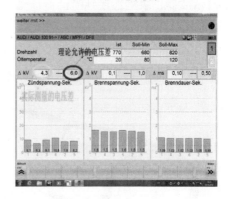

图 13-19　次级线圈工作情况分析

(三)独立式点火系统的性能检测

❶ 准备工作

(1)将实训车辆停放在检测区域。

(2)检查实训室通风系统设备工作是否正常。

(3)准备波形分析仪、智能检测仪、车辆挡块、翼子板布、三件套等教学用具。

❷ 技术要求与注意事项

(1)确保汽车或发动机台架能够起动和运行。

(2)明确波形拾取的正负表笔的使用。

(3)明确各缸点火线圈信号触发线的针脚。

(4)明确曲轴位置传感器和凸轮轴位置传感器的信号线。

(5)确保智能诊断仪器连接安装到位可靠。

❸ 操作步骤

(1)车辆与设备基本检查。

①核对并记录车辆信息。

②确认诊断仪及检测线正常。

(2)车辆工作条件检查。
①确认车辆进、排系统没有泄漏。
②确认车辆发动机、变速器和冷却系统等没有液体泄漏。
③确认发动机工作液正常。
(3)预热车辆。
①使发动机怠速运转并将附属设备(空调、设备和刮水器等)关闭。
②预热检测车辆,使冷却液温度和润滑油温度不低于80℃,或者达到汽车使用说明书规定的热车状态。
(4)连接检测设备。
①确认波形检测线良好。
②将示波器正表笔连接到喷油器信号线上;将负表笔搭铁。图13-20为波形拾取线。
(5)将仪器调到波形拾取界面。
调到合适的周期和频率。图13-21为波形拾取界面。

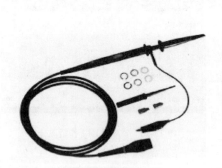

图13-20 波形拾取线

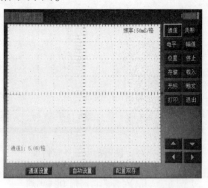

图13-21 波形拾取界面

(6)明确点火线圈信号触发线。
根据维修手册,明确正确的点火线圈信号触发线。图13-22为点火线圈信号触发端。
(7)连接点火线圈波形拾取线。
采用合适的方式连接波形拾取线,在不损坏线路的情况下,保障连接可靠。图13-23为连接波形拾取线。

图13-22 科鲁兹点火线圈1缸信号触发端

图13-23 连接点火线圈波形拾取线

(8)进行波形检测。

①打开示波仪,选择正确界面。

②根据维修手册,选择适当的周期和振幅,确认波形。

③打印波形。图13-24为波形最终检测结果。

❹ 点火系统数据流分析

(1)记录车辆信息。

(2)连接智能检测仪。

在点火开关关闭状态下,连接智能诊断仪,防止带电操作损坏发动机电控单元。

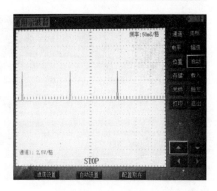

图13-24 波形检测

(3)给发动机电控单元供电。

打开点火开关,让蓄电池给发动机电控单元供电。

如果发动机电控单元供电线路有故障或者蓄电池电压不足,智能诊断仪都无法与发动机电控单元进行数据通信。图13-25为点火开关打开状态仪表显示。

(4)进入智能检测仪,选择正确检测车型。

不同生产地的车辆的通信端口也许会不同。一般情况下,通信接口通信线为6脚和14脚,美国部分车型测试针脚为2脚和10脚。有的智能检测仪16个针脚都有线,是为了能适应新、旧车型通信的不同。图13-26为诊断仪进入车型界面。

图13-25 点火开关处于打开状态仪表显示　　图13-26 进入车型选择界面

(5)确认检测车辆无故障。

①读取故障码;

②清除故障码;

③再次读取故障码。

图13-27为车辆读故障码仪器界面。

(6)读取点火系统相关数据。

数据有:爆振传感器信号、冷却液温度、发动机转速、车辆负载。

车辆状态有:急速、急加速、高速、增加负荷、暖机状态、冷却液处于正常温度,图13-28为点火系统相关数据。

图 13-27　诊断仪器读故障码界面　　　　图 13-28　点火系统相关数据

三　学习拓展

❶ 点火系统性能检测故障：智能检测仪不能正常读数发动机

故障诊断与排除：检查在数据通信时，是否将点火开关打开，汽车在没有通电情况下，不能进行数据通信；检查智能检测仪的连接线连接是否可靠，是否存在针脚歪斜；起动车辆，确定汽车蓄电池有足够的电量；再次确认是否选择了合适的车型和年款；连接好智能检测仪后，观察是否有其他的故障现象。

❷ 点火系统案例分析：发动机抖动严重

故障诊断与排除：一辆独立点火的发动机抖动严重，到4S店后检查发现是点火线圈损坏。维修人员更换了之后，发动机运行正常。两个星期后，同一汽车又有了同样的故障现象，到4S店检查还是同样的故障点，点火线圈损坏，更换了点火线圈之后发动机又恢复了正常。三个星期后，该汽车又出现了同样的毛病，检查后发现仍然是点火线圈的毛病。维修人员求助于4S店的技术总监，技术总监进行了一系列的汽车性能检测，发现该汽缸的火花塞间隙远超于维修手册的标准值。火花塞间隙过大，导致点火线圈提高点火电压保证能够击穿火花塞间隙。点火线圈长期处于高电压状态，影响了使用寿命，所以出现了刚换上去，发动机可以正常工作，一段时间后就损坏了。

❸ 火花塞不跳火的原因

(1)火花塞间隙调整不当。间隙太小，不仅限制了火花与混合气的接触面积，而且由于电极的"消焰"作用，又抑制火焰核的成长，尽管跳了火，但火花微弱，混合气着火困难；间隙过大，点火系提供的点火电压可能不足，无法使火花塞电极间跳火。

(2)火花塞电极表面积油（附着一层油膜）。这是润滑油或汽油控制不当所造成的。火花塞积存的机油，一般是由气门导管或活塞与汽缸壁之间的间隙中窜入的（磨损过限，配合间隙过大而窜机油）。火花塞积存的汽油，是因混合气过浓引起的。火花塞上无论是积存汽油、机油或水时，都有可能使电极短路而不跳火。

(3)火花塞裙部裂损。高压电流从开裂处击穿漏电，致使电极处不跳火。

(4)电极积炭，中心电极向周围漏电而不向侧电极跳火。这是因为火花塞上积炭（或油污)存积过多,使之短路不跳火,并进而烧坏绝缘体,造成火花塞损坏。

(5)电极损坏。火花塞电极受电火花的长时间电蚀或燃烧气体的化学腐蚀,会导致电极断损脱落而无法跳火。

(6)火花塞绝缘电阻值太低。这种现象会削弱加到火花间隙上的点火电压值,使火花变弱,甚至完全失去点火功能。

(7)高压电线短路。如点火线圈至分电器一段高压点火导线漏电(短路),则整个发动机无法起动;或分电器至火花塞一段漏电(短路),则一个缸的火花塞不跳火。

(8)白金触点烧蚀。这样将导致全部火花塞不跳火,发动机无法起动和正常运转。白金触点弹簧的弹力太弱。高速时会使触点闭合时间太短,或不闭合,由此造成火花塞的火花弱或缺火。

(9)容电器绝缘击穿短路,工作失效。容电器失效会使分电器不能正常工作,白金触点产生火花,引起火花塞不跳火,发动机起动困难。

(10)点火线圈损坏。

四 评价与反馈

1 自我评价

(1)通过本学习任务的学习你是否已经知道以下问题:
①汽车点火性能不正常会出现什么故障现象? _____。
②在汽车点火性能检测中应注意哪些问题? _____。
(2)在汽车点火性能检测操作过程中用到了哪些设备?
_____。
(3)实训过程完成情况如何?
_____。
(4)通过本学习任务的学习,你认为自己的知识和技能还有哪些欠缺?
_____。

签名:_____　　　___年___月___日

2 小组评价(表13-1)

小组评价表　　　　　　　　　　表13-1

序号	评价项目	评价情况
1	着装是否符合要求	
2	是否能合理规范地使用仪器和设备	
3	是否按照安全和规范的流程操作	
4	是否遵守学习、实训场地的规章制度	
5	是否能保持学习、实训场地整洁	
6	团结协作情况	

参与评价的同学签名:_____　　　___年___月___日

3 教师评价

_____

_____。

教师签名：_____　　_____年___月___日

五 技能考核标准

考核的方式建议用每个人独立完成学习领域中的实训任务，培养学生独立自主完成任务的能力。实训任务综合性较强，可以根据学生完成实训任务的情况评价整个学习领域的学习效果。表 13-2 为技能考核标准。

技能考核标准表　　　　　　　表 13-2

序号	项目	操作内容	规定分	评分标准	得分
1	火花塞跳火实验检测流程	在拆卸火花塞之前，要清除火花塞周围的杂物	3 分	是否有清洁动作	
2		观察火花塞外观是否存在裂纹、积炭等问题	3 分	是否进行观察	
3		检查火花塞间隙	5 分	检测火花塞间隙是否规范	
4		将火花塞连接到高压导线上，火花塞金属部分接触缸体	3 分	操作是否规范、正确	
5		起动车辆，观察是否有电弧	5 分	操作是否规范、正确	
6	分组点火系统次级线圈波形检测	车辆与设备基本检查	3 分	是否有检查动作	
7		车辆工作条件检查	3 分	是否有检查动作	
8		预热车辆	3 分	是否进行预热或者检查发动机温度	
9		调到次级线圈的检测界面	3 分	是否进入正确界面	
10		连接一缸判缸线	4 分	是否正确连接 1 缸线	
11		连接点火线圈波形拾取线	3 分	是否正确地连接点火线圈高压线	
12		起动车辆，记录波形	6 分	记录波形是否正确	
13	独立点火系统触发信号线波形检测	车辆与设备基本检查	3 分	是否有检查动作	
14		车辆工作条件检查	3 分	是否有检查动作	
15		预热车辆	3 分	是否进行预热或者检查发动机温度	
16		连接检测设备	3 分	是否正确连接	
17		将仪器调到波形拾取界面	4 分	是否进入正确界面	
18		明确点火线圈信号触发线	4 分	是否正确识别信号触发线	
19		连接点火线圈波形拾取线	4 分	是否正确连接信号触发线	
20		起动车辆，记录波形	6 分	记录波形是否正确	

项目四 维修检测

续上表

序号	项目	操作内容	规定分	评分标准	得分
21	点火系统数据流分析	记录车辆信息	3分	记录信息是否正确	
22		连接智能检测仪	3分	是否正确连接检测仪	
23		给发动机电控单元供电	3分	是否打开点火开关	
24		进入智能检测仪,选择正确检测车型	5分	是否选择正确的车型	
25		确认检测车辆无故障	3分	是否确认车辆无故障码	
26		进入数据流读取界面	4分	是否记录相关数据流	
27		分析相关数据流	5分	错误分析一个扣2分,扣完为止	
		总分	100分		

学习任务 14　喷油性能检测

 学习目标

 知识目标

1. 掌握汽车燃油系统的分类及其特点;
2. 掌握汽油机燃油喷射性能的理论知识;
4. 掌握柴油机燃油喷射性能的理论知识;
5. 掌握汽车燃油经济性的要求的理论知识。

 技能目标

1. 能完成汽油机喷油性能的检测流程及分析;
2. 能完成柴油机喷射性能的检测流程及分析。

 建议课时

8课时。

 任务描述

小张同学家的一辆直列四缸带进气管燃油喷射的发动机,起动车辆后发动机转速忽高忽低;急加速时,尾气管有放炮的声音,并且尾气冒黑烟;发动机故障指示灯正常,智能检测仪读取故障码,显示无故障码,检测系统喷油压力,上下浮动。此时需要检查喷油性能。

一 理论知识准备

1 汽油机进气管喷射系统检测的理论知识

(1)汽油机进气管喷射系统一般有油箱、燃油泵、燃油滤清器、燃油分配管、油压调节器和喷油器等组成,如图 14-1 所示。

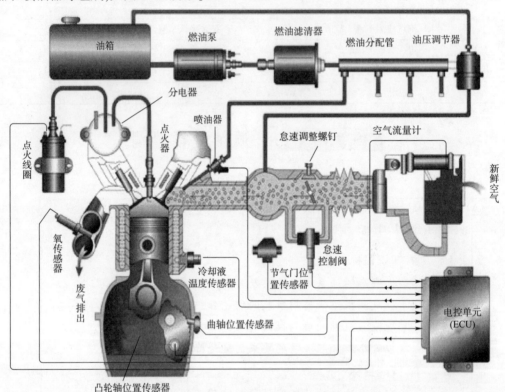

图 14-1　进气管喷射系统组成

在各汽缸的进气歧管上各安装有一个喷油器的多点喷射方式,与缸内喷射比较,喷油器不受缸内高温、高压的直接影响,喷油器的设计和发动机结构简单。

(2)工作原理。

发动机电控单元根据曲轴位置传感器和凸轮轴位置传感器确定出各缸的喷油时刻;再根据质量空气流量计,氧传感器和冷却液温度传感器等信号,确定喷油时间,所以在检测喷油性能时不仅要检查喷油器工作情况,也要检测相关传感器的工作数据。图 14-2 为燃油喷射系统工作原理。

2 汽油机缸内直喷系统检测的理论知识

(1)组成。

汽油机缸内直喷系统分为低压油路和高压油路。低压油路一般有油箱、燃油泵、燃油滤清器、燃油计量阀、燃油压力调节器等组成。高压油路一般由高压油泵、高压燃油管路、燃油分配管、燃油压力传感器、燃油压力调节阀和高压喷射阀等组成。

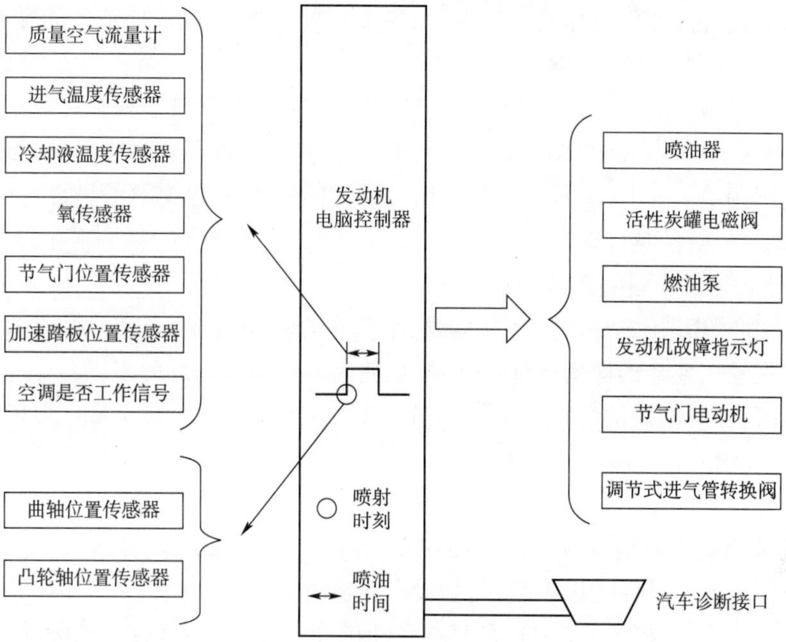

图 14-2　燃油喷射系统工作原理

（2）工作原理。

在进气行程中，纯空气通过打开的进气门流入燃烧室。燃油直接喷入燃烧室内。在燃烧室内形成混合气。直喷的优点是耗油量降低，最多可减少15%，通过废气排放来设置极限。为了准确测定和控制（空气和废气）质量流量，直喷系统带有两个充气传感器。通过不同方式测定环境压力传感器、进气温度传感器、空气流量计、进气管压力传感器。

3　共轨柴油机燃油喷射系统检测的理论知识

共轨系统又称为蓄压喷油系统。共轨柴油系统分为低压部分和高压部分。

低压部分为高压部分提供燃油。燃油箱内的燃油泵通过燃油补偿罐、燃油滤清器和集成在高压泵内的齿轮泵将燃油输送给高压泵。燃油补偿罐可使齿轮泵前的燃油压力在各种运行状态下保持不变、消除压力波动并使过量的燃油流入燃油回流管路。

在高压部分产生高压并进行燃油计量。高压泵由发动机通过齿形带仪3000r/min的最大转速驱动。三个以120°角布置的泵活塞产生最大为145MPa的压力。通过燃油压力调节阀调节燃油压力的大小。燃油到达高压蓄压器并通过高压管路进入喷射阀。

4　汽车燃油经济性的要求与基本测量方法

汽车燃油经济性的评价指标，常用一定运行工况下汽车行驶百公里的燃油消耗量或一定燃油量能使汽车行驶里程来衡量。燃油经济性评价指标主要有以下几种。

（1）按单位行驶里程评价指标。

若检测目的是用于比较同类型汽车或评价同一辆汽车的燃油经济性，一般采用以下评价指标。

①我国行驶里程的评价指标:我国及欧洲以燃油容积和行驶里程为计量单位,用符号 QL 表示,燃油经济性评价指标的单位为 L/100 km,即行驶 100 km 所消耗的燃油升数。其数值越大,汽车的燃油经济性越差。

②国外行驶里程的评价指标:有些国家以重力或质量和行驶里程为计量单位,用符号 QS 表示,其单位分别为 N/100km 或 kg/100 km,即一定燃油质量能使汽车行驶的里程来衡量。如美国用单位 mile/gai(美),即每加仑燃油能使汽车行驶的英里数。这个数值越大,汽车的燃油经济性越好。

(2)单位运输工作量的燃油消耗量。

若检测目的是用来比较不同类型、不同载质量汽车的燃油经济性,一般采用以下评价指标。

①国内运输工作量的评价指标:我国燃油使用单位和保管部门多以容量计量燃油,因此,单位运输工作量的燃油消耗量采用 L/(t·100km) 或 L/(100 t·km) 为单位的较多,用符号 QLG 表示。

②国外运输工作量的评价指标:有些国家燃油以重力或质量计量,单位运输工作量的燃油消耗量采用单位分别为 N/(kN·100 km)、kg/(100 t·km)。

影响汽车燃油经济性的因素很多,如设计制造时主要有发动机和汽车结构、发动机与底盘匹配的科学合理性等。使用时主要有发动机和汽车的技术状况、驾驶操作技术水平和汽车工作条件等。下面将各结构因素和使用因素对汽车燃油经济性的影响分别讲述,同时探讨相应的节油途径与技术。

二 任务实施

(一)汽油车燃油喷射系统的油压测量检测流程

❶ 准备工作

(1)将实训车辆停放在检测区域。

(2)检查实训室通风系统设备工作是否正常。

(3)准备油压表、智能检测仪、波形分析仪、车辆挡块、翼子板布、三件套等教学用具。

❷ 技术要求与注意事项

(1)注意通风,防止火源,准备好消防设施。

(2)在拆卸燃油管之前一定要先卸压。

(3)油管不得有老化渗漏现象。

(4)密封件、卡扣为一次性零件,维修时应更换。

(5)在车辆起动时,注意检查驻车制动器和挡位,保证整个操作过程的安全。

❸ 技术要求与注意事项

1)燃油压力测试。

(1)卸压:先拔下燃油泵熔断丝、继电器或油泵插头,再起动发动机,直至发动机自行熄火后。图 14-3 为拔取燃油泵继电器。

(2)安装燃油压力表,图 14-4 为燃油压力表。将燃油压力表串接在进油管中,带测压口的车辆将燃油压力表连接到测压口上,在拆卸油管时要用一块毛巾或棉布垫在油管接口下,防止燃油泄漏在地上。

图 14-3　拔取燃油泵继电器

图 14-4　燃油压力表

(3)检测油压:静态油压、怠速油压、最大油压、剩余油压。

静态油压:不起动发动机,用跨接线连接油泵诊断接头上的两个端子,并将点火开关转至"ON"位置,令油泵工作,静态油压一般在 300kPa 左右。

怠速油压:装复下燃油泵保险丝或继电器,起动发动机,使燃油泵在怠速下运转,此时油压表读数为怠速工作油压。

最大油压:用包有软布的钳子夹住回油管,此时油压表读数为油泵最大供油压力,一般为正常工作油压的 2~3 倍。

剩余油压:松开油管夹钳,发动机熄火,燃油泵停止运转 10min 后,油管保持压力应大于 150kPa。

(4)拆卸燃油压力表:先卸压,再拆去燃油压力表,将进油管重新连接好,起动发动机,检查油管是否渗漏。

(5)对于缸内直喷的发动机(包括柴油发动机)可以通过智能检测仪读取喷油系统的相关数据流,获得低压管路和高压管路的油压。

油压表读数不外乎油压为零、油压正常、油压过高和油压过低四种情况。

若油压为零,先检查油箱存油量,及油道是否严重外泄,燃油滤清器是否完全堵塞。排除可能性后,油压依然为零。则需检查燃油系统的控制电路,如保险丝是否烧断、继电器是否不工作、油泵电路线束有否开路、油泵是否损坏等。

若油压过高,主要检查压力调节器顶部的真空管是否松脱或破裂漏气,或油压调节器回油管是否堵塞等。

当燃油压力过低,或油泵停止工作 2~5min 内油压迅速下降,在排除油路向外泄漏的前提下,则喷油器之中有泄漏现象、燃油压力调节器故障、燃油滤清器堵塞、油泵故障。

2)喷油器波形测试

(1)车辆与设备基本检查。

①核对并记录车辆信息。

②确认诊断仪及检测线正常。

(2)车辆工作条件检查。

①确认车辆进、排系统没有泄漏。

②确认车辆发动机、变速器和冷却系统等没有液体泄漏。

③确认发动机工作液正常。

(3)预热车辆。

①使发动机怠速运转并将附属设备(空调、设备和刮水器等)关闭。

②预热检测车辆,使冷却液温度和润滑油温度不低于80℃,或者达到汽车使用说明书规定的热车状态。

(4)连接检测设备。

①确认波形检测线良好,图14-5为波形拾取线。

②将示波器正表笔连接到喷油器信号线上;将负表笔搭铁。

(5)波形检测。

①打开示波仪,选择正确界面,图14-6为喷油波形图。

②根据维修手册,选择适当的周期和振幅,确认波形。

③打印波形。

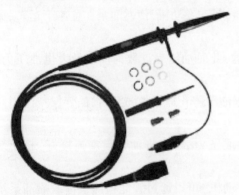

图14-5 波形拾取线

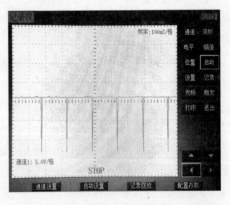

图14-6 喷油波形图

(6)结束工作。

①将设备复位。

②清洁。

3)数据流和动作测试

(1)记录车辆信息。

(2)连接智能检测仪。

在点火开关关闭状态下,连接智能诊断仪,防止带电操作损坏发动机电控单元。

(3)给发动机电控单元供电。

打开点火开关,让蓄电池给发动机电控单元供电。图14-7为汽车通电显示界面。

如果发动机电控单元供电线路有故障或者蓄电池电压不足,智能诊断仪都无法与发动机电控单元进行数据通信。

（4）进入智能检测仪,选择正确检测车型。

不同生产地的车辆的通信端口也许会不同。一般情况下,通信接口通信线为6脚和14脚,美国部分车型测试针脚为2脚和10脚。有的智能检测仪16个针脚都有线,是为了能适应新、旧车型通信的不同。图14-8为诊断仪选择车型界面。

图14-7 汽车通电显示

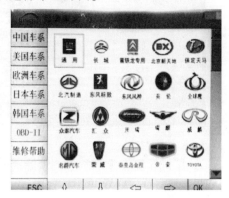

图14-8 选择车型界面

（5）排除检测车辆无故障。

①读取故障码;

②清除故障码;

③再次读取故障码。

图14-9为读取和清除故障码的界面。

（6）进入数据流程读取界面。

测试时,要满足测试条件,起动车辆,让发动机温度达到正常工作温度。

进行主动测试操作读取喷油系统相关数据。

数据有:喷油时间、冷却液温度、氧传感器数据、发动机转速、车辆负载。

车辆状态有:急速、急加速、高速、增加负荷、暖机状态、冷却液处于正常温度。图14-10为汽车数据流界面。

图14-9 读取和清除故障码的界面

（7）进入主动测试界面。

测试时,要满足测试条件,起动车辆,让发动机温度达到正常工作温度。

在执行器测试过程中,以听觉、视觉或触觉方式检查这些部件。按照规定的时间对执行机构进行控制,然后自动结束控制。

如果存在故障,清除故障存储器记录,然后再次执行主动测试。图14-11为汽车主动测试界面。

（8）可能出现的故障分析。

①不支持部件的主动测试。

②电缆断路,正极短路或者接地短路。

③接头未连接导线或者有接触电阻,例如锈蚀引起的接触电阻。
④执行元件有故障。

图14-10　汽车数据流界面

图14-11　主动测试界面

(二)柴油车燃油喷射系统的喷油器检测流程

1 准备工作

(1)将实训车辆停放在检测区域。
(2)检查实训室通风系统设备工作是否正常。
(3)准备博世EPS200喷油器检测设备、车辆挡块、翼子板布、三件套等教学用具。
(4)学生需穿劳保鞋和工作服。

2 技术要求与注意事项

(1)在连接过程中,必须使用干净的连接配件。
(2)不得将高压软管直接连接到组件上。
(3)在操作中,需要接触仪器部件时,注意让部件和软管冷却下来,并戴手套进行操作。
(4)检测设备和样品夹紧和连接时,掉落的物体和尖锐的边缘均会造成伤害。
(5)起动前检查所有软管与检测设备和试样是否连接妥当。
(6)必须在检测设备停机时,拆卸检测设备和试样连接的软管。
(7)必须在检测设备停机时,才能打开接触保护。
(8)及时更换泄漏和损坏的软管管道。
(9)在清洁后始终要将喷油器保存在一个干净、密封的容器里,防止污物沾在喷油器上。
(10)视所选的组件而定,不是所有检测步骤都可用或者还有更多的检测步骤。

3 操作步骤

柴油喷油器性能检测。
(1)清洁部件。
①由于会损坏尖孔,不能使用黄铜刷、钢刷或其他类似物清洁喷油器尖嘴。
②不要用冷清洁剂清洁喷油器的电气接口。
③防护帽堵住或盖住喷油器的输入接口、回流接口和喷油尖嘴。
④先用冷清洁剂清洁喷油器,清洁剂应该具有溶解腐蚀和清洁积炭的性能。
⑤拆下喷油尖嘴的防护帽。

⑥用合适的夹具将喷油器浸入超声波清洗池中,直至整个喷嘴张紧螺母都浸入在洗涤剂中。

⑦将洗涤温度调至60~70℃;15min后从超声波清洗池中取出喷油器,并用压缩空气吹干。

(2)进入检测界面,识别部件。

在进行检测时,使用"载入部件"在数据库中查找将要检测的部件。如果尚未添加该部件,可以添加并保存在数据中。图14-12为测试元件数据选择界面。

(3)将喷油器固定在夹固支架上(图14-13)。

(4)连接管路。

①将高压软管和连接适配器连接到部件上。

如果连接适配器和部件间连接不紧密,不允许加力拧紧螺栓连接(图14-14)。

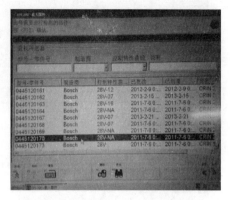

图14-12 测试元件数据选择界面

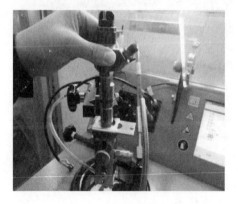

图14-13 将喷油器安装可靠

图14-14 连接管路

当出现不紧密的情况时,再次打开连接,清洁密封面并重新用正确拧紧里连接适配器。

②将回流软管连接到检测用的接头上。

③将CR/CRIN用适配导线连接到CR/CRIN的连接套管上。

(5)进行设备泄漏检查。

只有在"Leak test(检漏测试)"检测步骤结束后,才能将喷油腔安装在部件上。

在测量时间过后评估密封性。

完成检测之后可以显示多个部件类型检测结果。记录检测次数将在检测过程中显示在状态栏里。图14-15为泄漏检查界面。

(6)进行预喷射检测(VE),如图14-16所示。

进行预喷射,检测喷射是否正常。

(7)进行怠速运行检测(LL),如图14-17所示。

模拟怠速运行工况,可以真实检测喷油器的工作性能。

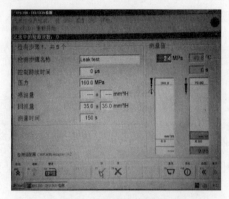
图14-15 泄漏检查界面

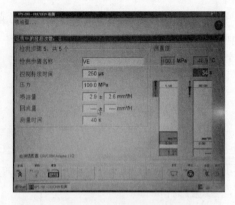
图14-16 预喷射检测界面

(8)进行部分负荷检测(TL),如图14-18所示。

进行喷油器部分负荷检测,为准确评价喷油器提供依据。

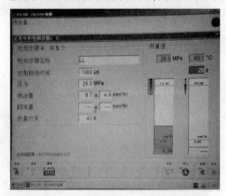
图14-17 预喷射检测界面

图14-18 部分负荷检测界面

(9)进行全负荷检测(VL),如图14-19所示。

进行喷油器全负荷检测,为准确评价喷油器提供依据。

(10)复位。

记录检测数据,给出喷油器性能评价表。按要求退出程序。图14-20为复位后检测仪器。

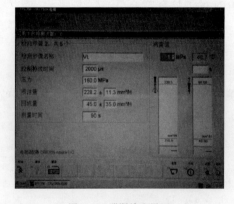
图14-19 泄漏检查界面

图14-20 复位后检测仪器

三 学习拓展

1 喷油系统案例分析：发动机故障指示灯常亮

故障诊断与排除：一辆汽车报氧传感器工作电路有问题，维修人员把氧传感器更换了，线路都检查了，都没有把故障排除，最后找到是冷却液温度传感器坏了。这个故障用换件和维修经验很难解决的。维修经验告诉我们利用汽车故障码能快速地查找到故障点，但有时候故障码可能是我们最大的误导，这就需要利用科学的检测与诊断方法提高准确率。像上述故障，可以先读取故障码，确定是氧传感器，氧传感器主要作用是在燃油喷射系统中反馈调节喷油量。汽车发动机工作是一个整体，牵一发而动全身，在不拆卸和不更换的前提下，我们根据燃油喷射系统的控制原理，先看一下主要影响喷油量的传感器相关数据，例如质量空气流量计，进气温度传感器，冷却液温度传感，氧传感器（如果是缸内直喷发动机还有燃油温度，燃油压力传感器）的冻结帧数据和动态数据，在将数据流与故障码进行比较，可以得出一个结论，可能是氧传感器或者是冷却液温度传感器，再进行氧传感器的波形检测和观察随着发动机工作时间增加冷却液温度是否发生变化，就可以得出结论，冷却液温度传感器有问题，因为氧传感器波形有变化，冷却液温度没有变化，另外如果是冷却液温度传感器电路有问题，会有故障码的，现在没有，说明是冷却液温度传感器有问题。这样不仅降低了维修成本，而且提高找到故障的准确性。随着汽车智能程度越来越高，汽车已经是一个整体，同一个故障现象的故障原因是多种多样的，这就需要科学的检测与诊断流程和多样的检测仪器。

2 过量空气系统控制回路

空气质量和发动机转速时喷射信号的基础。发动机控制单元催化转化器前传感器信号计算出喷射时间的附加校正系数。通过空气质量流量计、转速传感器、催化转化器前传感器以及各种发动机运行状态过量空气系数特性曲线之间持续的数据交换，可将喷射时间调整到保持空燃比 $\lambda = 1$ 的程度。

如果通过闭合控制回路是燃油空气混合气始终保持在过量空气系数规定范围内，催化转化器最多可将有害物质减少90%。催化转化器后方的氧传感器用于检催化转化器的转化率。

3 催化转化器诊断

催化转化器由一个带有许多纵向气道的陶瓷体组成。为了获得尽可能大的表面积，才用中间层式的结构增大纵向气道的表面，并且表面带有贵金属镀层（铂、钯或铑）这些材料不参加化学反应，因此不会消耗。在催化转化器内发生两种化学反应，一种是将一氧化碳和碳氢化合物氧化为二氧化碳和水；一种是将氮氧化合物还原成氮气和氧气。

老化或故障催化转化器的氧存储能力很低。因此其转换能力也很低。进行诊断时，发动机控制单元对催化转化器前、后传感器的电压进行比较，如图14-21、图14-22所示。

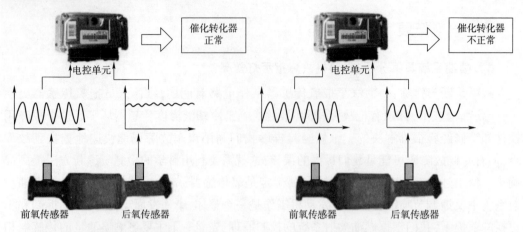

图 14-21 催化转化器正常的工作指示图　　图 14-22 催化转化器异常的工作指示图

催化转化器前、后的氧传感器测量的数据在规定范围内。

后氧传感器测量的数据不在规定范围内。发动机控制单元识别出催化转化器故障。该故障由电控电单元储存并通过废气警告灯予以显示。

❹ 燃油箱通风系统

汽油是一种易挥发的液体,在常温下燃油箱经常充满蒸气,燃油箱通风系统的作用是将蒸气引入燃烧并防止挥发到大气中。这个过程起重要作用的是活性炭罐储存装置,因为活性炭有吸附功能,当汽车运行或熄火时,燃油箱的汽油蒸气通过管路进入活性炭罐的上部,新鲜空气则从活性炭罐下部进入活性炭罐。发动机熄火后,汽油蒸气与新鲜空气在罐内混合并储存在活性炭罐中。当活性炭罐存满燃油蒸气时,在发动机运行期间通过发动机控制单元控制使电磁阀打开,让活性炭罐内的汽油蒸气被吸入进气歧管参加燃烧。

燃油箱通风系统工作时:①当活性炭罐充满燃油蒸气时,燃油混合气变浓。②当活性炭罐为空时,燃油混合气变稀。燃油箱通风系统工作前后,混合气有变化,说明系统正常,如图 4-23 所示。

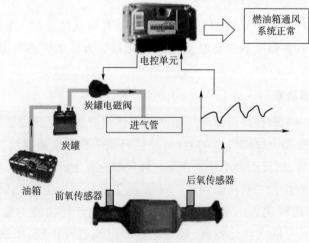

图 14-23 燃油箱通风系统正常工作指示图

燃油箱通风系统工作前后，混合气没有变化，说明系统不正常，如图 14-24 所示。

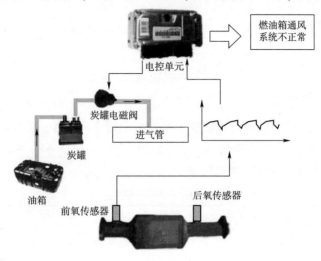

图 14-24　燃油箱通风系统异常工作指示图

四　评价与反馈

1　自我评价

(1)通过本学习任务的学习你是否已经知道以下问题：
①汽车喷油性能不正常会出现什么常见的故障现象？_____。
②在汽车喷油性能检测中应注意哪些问题？_____。
(2)在汽车喷油性能检测操作过程中用到了哪些设备？
_____。
(3)实训过程完成情况如何？
_____。
(4)通过本学习任务的学习，你认为自己的知识和技能还有哪些欠缺？
_____。

签名：_____　　_____年___月___日

2　小组评价（表 14-1）

表 14-1
小 组 评 价 表

序号	评价项目	评价情况
1	着装是否符合要求	
2	是否能合理规范地使用仪器和设备	
3	是否按照安全和规范的流程操作	
4	是否遵守学习、实训场地的规章制度	
5	是否能保持学习、实训场地整洁	
6	团结协作情况	

参与评价的同学签名：_____　　_____年___月___日

3 教师评价

_____

教师签名：_____　　　_____年___月___日

五 技能考核标准

考核的方式建议用每个人独立完成学习领域中的实训任务，培养学生独立自主完成任务的能力。实训任务综合性较强，可以根据学生完成实训任务的情况评价整个学习领域的学习效果。表14-2 为技能考核标准。

技能考核标准表　　　　　　　　　　　　　　表14-2

序号	项目	操作内容	规定分	评分标准	得分
1	燃油压力测试	先拔下燃油泵熔断丝、继电器或油泵插头，进行泄压	5分	是否完成准备工作	
2		正确地安装燃油压力表	3分	安装是否到位	
3		检测静态油压	3分	检测是否正确	
4		检测怠速油压	3分	检测是否正确	
5		正确地拆卸油压表	3分	操作是否规范、正确	
6	喷油器波形测试	车辆与设备基本检查	3分	是否有检查动作	
7		车辆工作条件检查	3分	是否有检查动作	
8		预热车辆	3分	是否进行预热	
9		正确连接检测设备	3分	连接是否可靠	
10		正确记录喷油波形	5分	是否正确记录波形	
11	数据流和动作测试	正确记录车辆信息	5分	是否正确记录信息	
12		正确连接智能检测仪	5分	连接是否可靠到位	
13		车辆通信时，点火开关应该处于打开状态	5分	通信时是否将点火开关打开	
14		选择正确的车型和年款	5分	是否选择正确	
15		确定车辆无故障	5分	是否进行故障检查	
16		记录相关数据流	5分	是否正确记录相关数据	
17		能正确地进行主动测试	5分	是否正确地完成主动测试	
18	柴油喷油器性能检测	清洁部件	3分	是否进行清洗	
19		选择合适型号	3分	型号选择是否合适	
20		将喷油器固定在支架上	3分	操作是否正确	
21		正确地连接管路	3分	管路连接可靠	
22		进行设备泄漏检查	3分	是否进行操作	
23		进行预喷射检测	4分	是否进行操作	
24		进行怠速运行检测	4分	是否进行操作	
25		进行部分负荷检测	4分	是否进行操作	
26		进行全负荷检测	4分	是否进行操作	
		总分	100分		

参考文献

[1]《机动车安全技术检验项目和方法》(GB 21861—2014)
[2]《机动车运行安全技术条件》(GB 7258—2012)
[3]《机动车前照灯检测仪检定规程》(JJG 745—2002)
[4]《机动车检测专用轴(轮)重仪检定规程》(JJG 1014—2006)
[5]《滚筒反力式制动检验台检定规程》(JJG 906—2009)
[6]《滑板式汽车侧滑检验台检定规程》(JJG 908—2009)
[7]《滚筒式汽车车速表检验台检定规程》(JJG 909—2009)
[8]《平板式制动检验台检定规程》(JJG 1020—2007)
[9]《汽车制动操纵力计校准规范》(JJF 1169—2007)
[10]《声级计检定规程》(JJG 188—2002)
[11]《非接触式汽车速度计校准规范》(JJF 1193—2008)
[12]《标准测力仪检定规程》(JJG 144—2007)
[13]《汽车用透光率计》校准规范(JJF 1225—2009)
[14]《滤纸式烟度计》(JJG 847—2011)
[15]《透射式烟度计检定规程》(JJG 976—2010)
[16]《汽车排放气体测试仪检定规程》(JJG 688—2007)
[17]《汽车排气污染物检测用底盘测功机》(JJF 1221—2009)
[18]《汽油车稳态加载污染物排放检测系统》(JJF 1227—2009)
[19] (德)施托德(Staudt,W.)华晨宝马汽车有限公司组译.汽车机电技术[M].北京:机械工业出版社,2005.